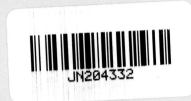

介護福祉士がすすめる多職種連携

事例で学ぶ ケアチームでの役割と課題への取り組み方

編集　公益社団法人日本介護福祉士会

中央法規

はじめに

介護福祉士の資格制度が誕生して、30年が経過しました。この間、およそ156万人の皆さまがこの国家資格を取得し、様々な介護現場において介護サービスを利用する方々の自立した生活に向けた支援を行っています。

国の掲げる地域包括ケアシステムにおいては、要介護状態となっても住み慣れた地域で自分らしい暮らしを人生の最後まで続けることができるよう、住まい・医療・介護・予防・生活支援の一体的な提供がうたわれています。また、日本介護福祉士会倫理綱領のなかでも、福祉、医療、保健その他関連する業務に従事する者との積極的な連携、協力が掲げられており、介護サービスを提供するにあたり、関連職種が連携することを強く求めています。

介護福祉士が多職種連携をはかるためには、医療職やリハビリ職等のほかの職種の役割を適切に学ぶことが必要です。ほかの職種を知ることを通して、利用者の生活全般にかかわる介護福祉士の役割を理解することができます。そして、そのことは、介護福祉士としてのアイデンティティを高めることにつながるはずです。

本書では、ほかの職種を理解しながら、多職種連携の意義やポイント等について学んでいただく内容となっています。そのうえで、読者の皆さまが、地域ケア会議やサービス担当者会議等において、生活支援の専門職たる介護福祉士の立場で、適切に情報の発信や提案を行い、自立支援を行うことができる人材として活躍されることを願っています。またそのことが、ひいては、誰もが住み慣れた地域で暮らすことのできる社会の構築へとつながっていくことを確信しています。

公益社団法人日本介護福祉士会
会長　石本　淳也

目　次

はじめに
本書をお読みになる前に

第1章　なぜ介護には多職種連携が必要なのか

第1節● 介護における多職種連携の意義と課題 …… 8
1 なぜ多職種連携が必要なのか …… 8
2 これまでの多職種連携の課題と、これから目指す多職種連携 … 15
3 多職種連携の“担い手”と“場（機会）”とは …… 17

第2節● これから目指すべき多職種連携 …… 21
1 ニーズの捉え方 …… 21
2 チームをつくるために必要なこと …… 24

第3節● 会議の理解を深める …… 28
1 会議の定義 …… 29
2 会議の構造化 …… 30
3 会議に臨む技術 …… 34

第2章　多職種連携の実践事例Ⅰ

事例1　家族に課題のあるYさんの事例 …… 40
事例2　老老介護になっているKさんの事例 …… 64

第3章　多職種連携の実践事例Ⅱ

事例3　医療ニーズの高いOさんの事例 …… 92
事例4　認知症で一人暮らしのHさんの事例 …… 108
事例5　一人暮らしをするAさんの事例 …… 124

参考資料

執筆者一覧

本書をお読みになる前に

1．本書の目的と構成

本書のタイトルは、『介護福祉士がすすめる多職種連携　事例で学ぶ　ケアチームでの役割と課題への取り組み方』です。

このタイトルからもおわかりのように、本書では、介護福祉士が多くの専門職と連携・協働していくために必要な知識と技術、そして価値（態度・姿勢）などを解説しています。

指示されたことを漫然とこなすだけの介護福祉士にとっては、多職種連携は遠いものです。一方、目の前の利用者に注目し、その人にとって必要な、最善の介護は何かを問い、その人の尊厳の擁護と自立支援を目指して支援を展開しようとする介護福祉士は、多職種連携をいつも視野に入れて動いています。

つまり、自立支援を目指した支援を展開しようとするとき、また、質の高い介護を行おうとするときには、多職種連携が不可欠だということです。

我が国は、「地域包括ケアシステム」の構築を目指しています。地域包括ケアシステムとは、高齢者が住まい・医療・介護・看護・生活支援を活用しながら、可能な限り住み慣れた地域社会で生活していけるようにするための仕組みです。

この仕組みを有効に活用するためには、地域に存在する様々な社会資源が、その高齢者に対して一体的にかかわることが大切になります。

その人が住み慣れた地域で継続して生活していけるようにするためには、一つの事業者や職種だけでは支援することが難しく、おのずと多職種連携によって支援する仕組みが必要になっているのです。

本書は、介護福祉士が多職種とどのように連携し、自らの専門性を確立していくかを考えるための一助になることを目的に編集されたものです。

そのため本書では三つの章立てで構成しています。

第１章　なぜ介護には多職種連携が必要なのか
第２章　多職種連携の実践事例Ⅰ
第３章　多職種連携の実践事例Ⅱ

第１章では、なぜ多職種連携が必要なのかを考えます。そのうえで、多職種連携の担い手としてはどのような人たちがいて、多職種連携の場（機会）にはどのようなところがあるのか、具体的に考えます。

多職種連携を円滑に進めるためには、カンファレンスやミーティングなどの会議の場（機会）を抜きにしては機能しません。そこで、会議の目的や機能、プロセスなどについても解説します。

続いて第２章、第３章では、演習事例をもとに、多職種連携の実際にふれます。具体的には、介護福祉士を含む多職種が出席する会議の場で、それぞれの職種が自分たちの専門性に基づいてどのような発言をするのかを読み解いていきます。

これらのことを通じて、本書では、介護福祉士のアイデンティティ（専門職の独自性）を浮き彫りにしたいと考えています。

２．本書を個人で活用する

多職種連携にかかわる知識や技術は、どのようにして身につけていけばよいでしょうか。

本書では、演習を通じて多職種連携の意味を考え、実際に体験することが一番の近道なのではないかと考えています。そのため、本書では、五つの演習事例を掲載しています。

各事例は、利用者の概要を説明したあと、その利用者にはどのような専門職がかかわっているのかを、キャラクター設定も含めて紹介しています。これらの登場人物によって「会議」が開催されるのですが、本書では、その「会議」の模様を再現しています。

各専門職はそれぞれの立場から発言しています。それぞれの発言は何らかの意味や根拠をもってなされているものです。ただし、本書に掲載する発言内容は一つの例に過ぎません。同じような状況設定の会議が開催されたとしても、まったく同じ発言がみられるわけではありません。

そこで、本書を個人で活用する場合の自己学習者は、各事例で掲載している「会議」の模様を読みながら、例えば次のようなことを考えてみてください。

・登場する介護福祉士の発言が適切なものであったかどうか
・もう少しこの点について発言してはどうか
・ほかの意見はなかったか
・自分が担当の介護福祉士であれば、どのような意見や質問をほかの職種に投げかけるのか

このようなことを考えることで、自分のなかに気づきを得ることができると思います。

なお、本書に掲載した「会議」の模様は、決して模範的なものではなくむしろ指摘すべき点が多くあります。したがって、そこに気

づき、また登場人物の立場や事例に対する状況を変えることで幾度もトレーニングすることができると思います。本書は、そうした読みものとしての有用性も考慮しています。

3．本書をグループで活用する

本書に掲載されている事例をもとに、グループでロールプレイ（役割演技）による「擬似会議」を行うのも一つの活用方法です。

擬似会議を行うにあたっては、「フィッシュ・ボウル（金魚鉢）方式」と呼ばれる展開方法を採用すると、より高い効果が得られるといわれています（図１）。

この方式は、グループ活動を中心に演習が行われるとき、あるグ

図１●フィッシュ・ボウル（金魚鉢）方式とは

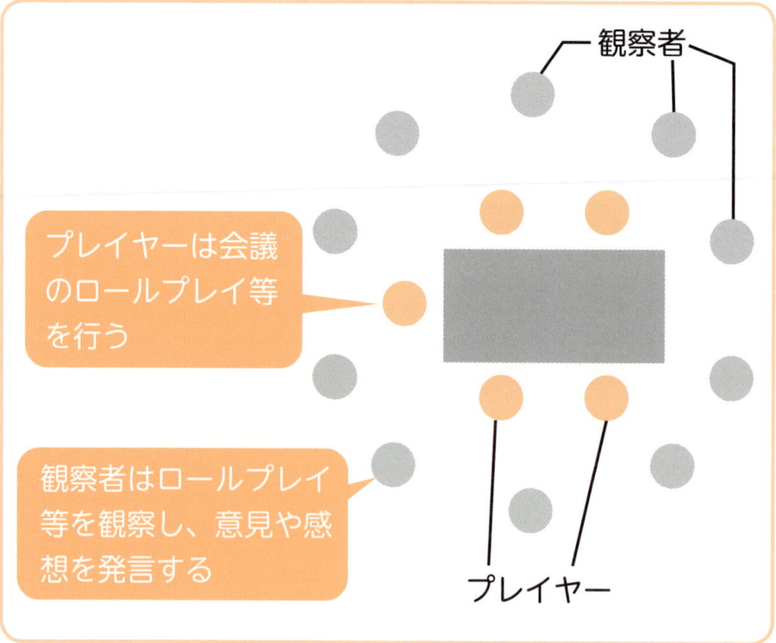

ループともう一つのグループがペアを組み、グループ同士でお互いに啓発しながら進めるというものです。お互いに相手グループの活動の様子を観察して、観察結果をお互いにフィードバックすることにより、演習効果を高めることをねらいとしています。

あたかも、金魚鉢の中の魚たちと、それを外から眺めている（観察している）人たちとの姿からの連想で、このように名づけられています。

グループでロールプレイによる擬似会議を行うことには、大きく分けて二つのポイントがあります。まず、ロールプレイを通じてほかの職種をイメージした発言をするということは、相手の立場に立って考えること、発言することにつながり、ほかの職種を理解することにつながります。

施設内あるいは地域で一緒に活動する医師、看護師、理学療法士、ケアマネジャーなどから得られた知識、態度などを模倣することにより、自分がもっているほかの職種へのイメージを振り返り、再確認することがポイントになります。

また、介護福祉士としての役割を演じることで、ほかの職種に対して介護福祉士がどのような職種で、どのような知識・技術・意識・態度をもっているのかを伝えること、つまり、介護福祉士としての「アイデンティティ」を示すこともポイントになります。

介護福祉士としてのアイデンティティについては、利用者の生活に最も近い職種としての独自性や介護福祉士がもつ利用者の多岐にわたる情報が、ほかの専門職の活動にとって有益な情報であるかどうかを知る大きなきっかけになります。

事例を使ったロールプレイの利点としては、実際の会議と違い、利用者や家族へのダメージがないこと、また、擬似会議の登場人物は繰り返し発言を変えることでいろいろな状況を体験できること、さらには、その状況を客観的にみることができることなどがあります。

多職種が集まって会議をする意義は、意見を交わしながら一つの方向に向かっていく、いわばチーム形成のプロセスを共有することです。

しかし、会議のメンバーは当初から気心知れた関係ではありません。むしろ、職種間の力関係（コンフリクト）から厳しい意見や要求を交わすことがあります。

そこで、まずは顔の見える関係づくりが必要になります。その先に、お互い踏み込んだ意見が言える、聞ける関係にまでチームを成長させていくことが望ましい姿です。

本書をグループで活用するにあたり、チームづくりを念頭に置いた演習が展開できれば、今後の大きな一助になるのではないかと考えます。

第1章

なぜ介護には多職種連携が必要なのか

医療や介護の世界では「多職種連携」という言葉はよく耳にするはずです。

しかし、多職種連携は、どうして必要で、介護福祉士として具体的にどのように行えばよいのでしょうか。

第１章では、介護福祉士に多職種連携が必要とされている理由（意義や目的）と、そのなかで求められている役割と留意点について解説します。

自らのケースを思い浮かべながらお読みいただければと思います。

第1節

介護における多職種連携の意義と課題

1 なぜ多職種連携が必要なのか

介護を必要とする人の暮らしを支えるにあたり、なぜ多くの専門職が連携する必要があるのでしょうか。その理由については、「個別支援」と「制度」という二つの側面から考えてみます。

● 個別支援の側面から考える「多職種連携」の必要性

介護を必要とする人は、様々なニーズをもっており、そのニーズの内容は多様です。そうした多様なニーズを抱える高齢者の暮らしは、決して一つの（一人の）職種では支えることはできません。

また、多様なニーズを抱える人にとって、安心して、生きがいのもてる暮らしというものは、介護を提供するだけで成り立つものではありません。暮らしとは生活そのものであり、生活するとは、生きていることを自分自身で実感できることです。

そのような人の暮らしを支えるためには、本人と周囲の人、物、場所との関係がとても重要になります。人、物、場所（＝社会資源）との関係を抜きにして、その人は自分自身の存在や生きているということを実感することはできないのです。

このように、介護を必要とする人の多様なニーズを満たすためには、様々な社会資源が一体的にかかわることが大切になります。そこから、多職種連携の必要性が説明できます。

● 制度の側面から考える「多職種連携」の必要性

我が国は、少子高齢化に伴う人口減少社会を目前にして、2000年代初頭より「地域包括ケアシステム」の構築を目指しています。地域包括ケアシステムとは、高齢者が住まい・医療・介護・看護・生活支援を活用しながら、可能な限り住み慣れた地域社会で生活していけるようにするための仕組みです。

「社会福祉基礎構造改革」により、措置制度から契約制度に移行した結果、個別的で、複雑・多様なニーズに対して、サービスの選択と自己決定の尊重が前提になり、多くの人はできる限り地域社会のなかで、これまでの生活を続けることを望み、そのための支援を求めるようになりました。地域包括ケアシステムのような仕組みと、それを支える多職種連携が必要になった理由の一つとして、このような変化が挙げられます。

以上、個別支援と制度という二つの側面から、介護を必要とする人の個別的で、複雑・多様なニーズに応え、その人が住み慣れた地域で継続して生活していけるようにするためには、一つの事業所や職種だけで支援するのではなく多職種連携によって支える仕組みが必要との認識が広まってきました。

●「たしょくしゅ」の意味と、「連携」の形

「たしょくしゅ」は、複数の職種を指す意味の「多職種」と、自分以外の職種を指す意味の「他職種」の二つに使い分けられます。そのほかにも「職種間」「専門職間」「領域間」など、異なった領域同士という意味合いも含まれます。

地域にはフォーマル（公式的）／インフォーマル（非公式）な組織や集団（＝社会資源）が存在しています。これらに所属する専門

職、もしくは非専門職が、協力し合って課題を解決したり、目標を達成したりすることになります。

では、協力の方法としては、どのような形があるのでしょうか。

大きく分けると①調整（coordination）、②連携（linkage）、③協働（collaboration）、④統合（integration）という形があります。

「調整」とは、ある基準に合わせて整えたり、つり合いのとれた状態にすることを意味します。例えば、ケアマネジャー（介護支援専門員）がそれぞれの専門職からあがってくる情報を集め、調整をはかる場面などが挙げられます。

「調整」から発展した段階が「連携」や「協働」です。つまり、関係者が顔を合わせて知恵を出し合い、課題の解決に向けて目標を共有し、協力体制を整えて取り組む状態が「連携」であり、さらに、関係者同士が一つのチームとなって、何か一つのものを生み出す状態を「協働」といいます。

そして、最終的にそのチームに参加している関係者同士が合併して一つにまとまった状態を「統合」といいます。

本書では、これらのなかでも、多職種が連携する場面を想定し、そのために必要な知識や技術を解説します。

● 多職種連携の目的――生活とは何か

多職種連携の目的は、多くの職種が集まることにより、複雑・多様なニーズに応え、その人が住み慣れた地域で継続して生活していけるように、一体的に支援していくことです。

生活支援をせまい意味で捉えると、「身の回りの世話」や「身体介護」がこれに相当します。自立している段階では、自分の抱える生活上の課題を自分自身で解決することができるでしょう。しかし、疾患や障害があると自分の力では解決できない課題が多くなり、誰かの支援が必要となります。

そもそも「生活する」ということは、生きて生体として活動し、世の中で暮らすことを意味します。そのため、生きていることが自分自身で実感できていることが大切です。

このことは、生活が“LIFE”と英訳される一方で“LIFE”を日本語で「生命・生活・人生」と訳すことからも理解できます。これらに関する課題は、心身機能などの「健康や生命にかかわる課題」、快適で安心した日々の暮らしといった「生活にかかわる課題」、そして、自分自身の存在感や生きていることの実感といった「人生にかかわる課題」と整理することができます。

このように、多職種連携は人間の「生命・生活・人生」を対象としています。

例えば、人間の生命のうち、疾患であれば医師や看護師などの専門職、障害であればリハビリテーションなどの専門職、地域で自立した生活を送るためには介護福祉士をはじめ、社会福祉士、精神保健福祉士などの相談援助の専門職の支援が必要になります。

● アルコール依存症の人をどのように支援するか

アルコール依存症の人をどのように支援するかを例にして考えてみましょう。

アルコール依存症の人は、入院して疾患の治療をすれば、症状は緩和します。ところが、病院での治療が終わり、退院して自宅に戻ると、再びアルコールに依存して問題行動を引き起こしてしまい、治療のために再入院することがあります。

入院している間は、医師を中心としたチームのもと、薬を服用し、認知行動療法を受けるなど、治療に専念します。また、入院中はお酒を飲まなくなるので、肝臓の検査数値もよくなりますし、病気の治療ということでいえば、目的を達成するわけです。

ところが自宅に戻ると、赤提灯やお酒の自動販売機、酒飲みの友達などが自分の周りに現れます。これが「再入院」の原因となることがあります。

このことから考えると、仮にアルコール依存症という疾患に焦点を当てた場合、病院内の環境が病気の治療に最適であるならば、人生の大半を病院で過ごすことになります。

しかし、生命、生活、人生の質（QOL：Quality of Life）の向上を目指すならば、たとえアルコール依存症という疾患を抱えながらも、地域での生活を実現させることが必要ではないでしょうか。

そのためには、本人の価値観の変容を促すとともに、就労支援や地域での生きがいの創造など、アルコールのある環境でアルコール依存症という疾患を抱えながら生きることができる支援体制の構築が必要になります。

このように、病院では、「患者」と呼ばれる人の疾患を治療することが目的となる、医師を中心としたチームが編成されます。

一方で、退院後、地域に戻ってくれば、その人は患者ではなく「生活者」になります。そして、生活者の日々の目的は疾病の治療ではなくて、疾病を抱えながらも地域で生活をすることになります。

その人が地域で生活するにあたっては、場合によっては病気の治療を最優先するということもあるでしょう。しかし、そうではなく、生活や人生の質を向上させることも、とても重要になってきます。

● 地域でのQOLを支えるための多職種連携

多職種連携は、多くの職種が集まることにより、介護を必要とする人の個別的で、複雑・多様なニーズに応え、その人が住み慣れた地域で継続して生活していけるように、一体的な支援を行うことを目的としています。その意義は、QOLの向上にあります。

QOLの向上を目指すことは、その人が人生を全うしていくうえで最も重要な支援の方針です。地域での暮らしは個別的で、複雑・多様です。そうであるがゆえに、病院や施設にいるときとは比べられないほどQOLの向上を目指すことができるともいえます。

例えば、大規模な集団施設では、日課や献立などは施設側で決められていることが多く、利用者が自分で決める余地は少ないといえます。そのため、サービスの提供が一方的になる可能性をはらんでいます。

しかし、地域で暮らすにあたっては、可能な範囲で自己決定ができます。それを側面的に支援することが、日本介護福祉士会の倫理綱領や倫理基準（行動規範）でもうたわれている「人としての尊厳」を大切にすることや「意思の代弁」です。

QOLの向上を目指すということは、それだけ支援のハードルが高くなりますし、様々なニーズに向き合っていかなければなりません。また、的確なアセスメントをしていく必要もあります。このことからもやはり、一つの職種では支援が難しいということが理解できます。

● 多職種連携のなかでの介護福祉士の役割

介護福祉士は、専門職種のなかでも生活支援に関して業務の範囲が広い職種であるため、広範囲な情報を多くもっています。このことを、言葉を換えて表現するならば、介護福祉士は「生活全体という森」を見る「鳥の目」をもっているといえるでしょう。

したがって、限られた範囲の深い情報をもつ医療・看護などの専門職種からすると、おのずと接点が少なくなってしまいます。ほかの職種から、「介護福祉士の業務内容や専門性が理解しにくい」「介護福祉士とはコミュニケーションがとりづらい」といわれるとすると、背景にはこのようなことも起因しているのかもしれません。

また、介護福祉士からは「自分たちには医学的知識がない」「リハビリテーションの用語がわからない」などという声を聞きます。確かに、医師のような詳しい医療知識はないかもしれませんが、その一方で、健康等に関して、とても広範囲にわたる生活場面での知識はもっているのではないでしょうか。

そもそも、QOLの向上は医療現場から提案されました。例えば、乳がん患者の治療が乳房の切除という結果で終わることで、患者の生命は救われるかもしれませんが、その後の患者の人生の楽しみ・生きがいが、ないがしろにされているのではないか、という疑問から発せられました。

もしも、温泉に出かけたり、海水浴をしたりといった楽しい人生を送ることができないのならば、乳房切除は後のQOLの向上にはつながらないでしょう。

このことを踏まえると、QOLの向上とはせまい視点で課題を解決するのではなく、様々な視点、長期間にわたる視点で考えていく必要があることがわかります。

「介護福祉士」ではなく、「介護職」や「介護士」と限定すると、あたかも日常の生活動作だけを見ればよいということになりかねません。介護福祉士であることは、福祉的な視点、つまり幸福を追求する職種としての意義があります。介護福祉士は「福祉」という分野がつくことで、広くて多様な視点をもつ専門職になり得ます。つまり、それが介護福祉士のアイデンティティ（主体性）だと思います。多職種連携のなかの介護福祉士の役割の一つは、広い視点で人の暮らしを代弁することではないかと思います。

2 これまでの多職種連携の課題と、これから目指す多職種連携

これまでの多職種連携とは、まとめ役のオーダーに基づいて、関係する複数の関係従事者が、必要とされる業務を、各々の身分法の規定により縦方向に分断して、分担し、遂行するというケアの形式でした。

まとめ役がそれぞれの専門職や事業所をまるでミツバチのように回って情報収集したり調整したりすることは“多職種連携”とはいえません。これは一つの誤解です。

一人のまとめ役に役割が集中すると、過程や結果がその力量に左右され、専門職間の非干渉と連携不足が生じます。そして、利用者の情報が共有されないなかで従事者相互の認識も不足し、利用者のケアに対する不満や事故が起きてしまいます。

これから目指す多職種連携とは、利用者の日常性に根ざしたニーズに対して、過不足なく、効率的かつ効果的にサービスを提供するために編成され、機能する、各種サービス提供者の協働による、地域包括ケアの提供形態であり、提供方法でなければなりません。

こうした多職種連携を目指すためには、どのようなことに留意すればよいのでしょうか。

ここでは、二つの側面から考えてみます。

● 継続的に活動するチームをつくる

一つ目は、継続的に活動するチームをつくることです。

多職種連携がなされる場面の一つとして、会議があります。この会議は一過的なものになりがちで、情報の共有が目的化する危険性があります。すると、多職種連携は形骸化し、チームとして成長し

ません。

継続的に活動するために留意しておくこととして、多職種連携のいくつかの発展段階の理解が必要です。

まず、一人の利用者にかかわる専門職同士が、お互いに顔の見える関係を築きます。専門職はとかく自分の専門領域に関心が強く、逆に他領域に無関心の傾向が強いといわれています。そのため、会議の場に参加しても、ほかの専門職の方針や意見を聞くことがあまりありませんでした。

そこで、まずは出会い、お互いに顔の見える関係をつくることが大切になります。きっかけは、いきなり取り組んでいるケースからではなく、研修会の開催や情報交換の場づくりなどから始め、次第に事例検討会や地域ケア会議への参加など機会と場の設定を広げていくことが大切です。

情報の共有であれば、ICT（Information and Communication Technology）などを使うことで解決できますが、多職種によるチームを成長させる要素としては、チームメンバーの関係性の向上が挙げられます。つまり、円滑な人間関係がベースにあることが前提になります。

文書やデータで共有される情報だけではなく、メンバーの価値観を交わすこと、また、知りたい情報を直接やりとりすることで、理解し合える関係、つまり顔の見える関係から腹を割った関係にチームを進化させることができます。

● 専門職間の力関係を考慮する

二つ目は、専門職間のバランスを考慮することです。

専門職同士の力関係によっては、チームメンバーの専門性を否定する危険性が生まれます。

例えば、医療依存度の高い高齢者への支援、重度の認知症や精神障害のある人への支援には高い専門性が求められます。そのため、より高い専門的な知識や技術が求められるようになります。

その結果、本来は水平な関係のなかで機能分化したチームが、垂直的な関係になり、権限が特定の職種に集中してヒエラルキー（階層分化）の強いチームになることもあります。

このような状況は、危機を乗り切るために一時的に必要な時期もあるかもしれません。しかし、円滑にチームを成長させるためには、水平的かつ分権的で相互信頼の高いチームが、理想的な姿になると思います。

3 多職種連携の“担い手”と“場（機会）”とは

● 多職種連携の“担い手”とは

多職種連携という場合、その担い手は多くの専門職種になります。具体的には、医師、看護師、保健師、理学療法士、作業療法士、言語聴覚士、薬剤師、栄養士、ほかにもケアマネジャー（介護支援専門員）や社会福祉士、精神保健福祉士など、まだまだ挙げることができます。

また、民生委員やボランティア、NPO法人の職員など、必ずしも資格をもっていない人たちも担い手として位置づけることができます。

このように多岐にわたる多職種連携の担い手について、留意すべきことを二つ取り上げます。

● メンバーの所属や立場を考慮する

一つ目は、メンバーはそれぞれ機関（事業所等）に所属しています。そのため、多職種連携といいながら、実際は「多事業所間連携」「多機関連携」と呼ぶことができるのです。つまり、メンバーは、それぞれが専門職種でありながら（資格をもちながら）、所属している機関の代表という立場にもあるわけです。

その人の意見は個人の価値観に左右されます。個人の価値観は専門職としてのアイデンティティである一方、組織のなかでのポジション、性別、経験年数や習得している知識により変わってきます。

● リーダーを誰が担うか

二つ目は、多職種チームのリーダーを誰が担うのかということです。議題の発案や司会など、その場を誰が取り仕切り、誰がまとめ役になるかは、チームの継続性にとても影響します。可能であればリーダーシップが発揮できるメンバーがチームリーダーを担うべきだと考えます。

リーダーシップとは、メンバー間のコミュニケーションを通じてチームを目標に向かって動かしていく影響力のことをいいます。リーダーシップを規定する特性としては、①リーダーの個人特性、②チームメンバーの特性、③チームが置かれている状況の特性という三つに分けられます。

例えば、成熟した専門職が集まったチームが複雑な課題に取り組むときは、支援をしていくうえで必要かつ的確に判断できる情報を提供し、メンバーの力量を信じてお互いが尊重し合い、信頼し合う関係をつくることに専念すべきです。

一方、未成熟なチームメンバーでは、知識や技術、経験の習得の機会として、アドバイスや情報提供、励ましなど、きめ細かな配慮が必要になります。

● 多職種連携の“場（機会）”とは

多くの職種が集まって連携をはかる場としては、どのようなものがあるでしょうか。

例えば、サービス担当者会議や施設内・事業所内のケアカンファレンスなど、いわゆる「会議」の場が考えられます。ほかにも、複数の専門職種が連携しながら、実際にサービスを提供している場面なども想定できます。

なかでも本書では、「会議」の場面に焦点を当てて、具体的な多職種連携のあり方について考えていきます。

なぜなら、会議には、一人の利用者にかかわる複数の専門職種が一堂に会すること、そして、そのことによって各職種の特性が明らかになり、結果として介護福祉士の専門性がみえやすくなると考えたからです。

多職種が集まって会議を開催するには、まず、会議に出席するメンバーの専門性をお互いに理解しておくことが大切です。一人の利用者にかかわるすべての職種が、どのような立場から、どのような役割を果たすのか、あらかじめ把握しておきます。

それと同時に、介護福祉士としての自分の専門性をしっかりと自覚しておく必要があります。介護福祉士は、利用者にとって最も身近な存在として、メンバー内でどのような役割を果たせるのかを常に意識するようにします。

● 当事者（利用者本人や家族）が会議に出席する際の留意点

会議の場には、当事者（利用者本人や家族）が参加する場合があります。

例えば、サービス担当者会議において、会議に参加している専門職が話し合い、生活課題の抽出や目標の設定をしたとします。そのとき、当事者の主訴と客観的なアセスメントによって明らかになったニーズとの間に齟齬《そご》が生まれ、専門職と当事者との間で葛藤が生じたとします。

専門職、特に医師は治療という側面から状況を予測することができますが、当事者はその場の状況に不満や不安を訴えることがあります。なぜなら、彼らは将来の姿を予測することは比較的困難だからです。

このような場合、介護福祉士はあくまでも当事者の代弁者という立場であることが非常に重要になります。つまり、生活場面のなかでどういうことが起きているのかを、ほかの職種にきちんと伝えるということです。それは、ほかの職種が必要とする情報、知りたいと思う情報であるかもしれません。

第2節

これから目指すべき多職種連携

1 ニーズの捉え方

第1節でも述べましたが、これから目指すべき多職種連携のあり方とは、次のようなものです。

> 利用者の日常性に根ざしたニーズに対して、過不足なく、効率的かつ効果的にサービスを提供するために編成され、機能する、各種サービス提供者の協働による、地域包括ケアの提供形態であり、提供方法のこと

このなかでも、「利用者の日常性に根ざしたニーズ」を理解することが大事になります。これが結局、介護福祉士の幅広い知識・技術・情報が活かされる部分になると考えるからです。

● ニーズとは

ニーズを「要望」や「主訴」と理解している人がいると思います。しかし、ニーズは「必要」であって、「要望」や「主訴」とは違います。

私たちは主訴とニーズを一致させることが可能ですが、介護を必要とする人、特に認知症高齢者は主訴とニーズが一致していない場合が多くあります。

例えば、認知症高齢者が「つらいから早くお迎えが来ないかな」

と言っていること自体は、ニーズではなく主訴です。

これは、本当につらく感じていることは想像できますが、さらにその言葉の背景にはどのような要因があるのか、なぜそのような言葉が出ているのかを考えることが重要です。それは痛みやだるさなどの身体的な要因なのか、寂しさや不安などの精神的な要因なのか、やることがない、知っている人がいない、わからない場所に来ているなどの環境的な要因なのか、様々に推測することができます。

この場合「つらいから早くお迎えが来ないかな」という言葉と、つらそうな表情が主訴にあたります。そして、そこから推測したその主訴の背景をニーズと捉えることができます。

ニーズは、本人も周囲も気づいていないかもしれません。しかし、専門職は本人の主訴の背景を推測し、アセスメントにより、何がその人のニーズなのかを多面的に捉える必要があります。

● 各専門職によるニーズの捉え方の違い

具体的には訴えの前後にどのようなことがあったのかを情報として収集することで、推測した内容の検証を行います。

例えば、面会に来た家族が帰った後の訴えであったとしたら、「寂しさ」が要因になります。また、もともと腰痛があり、常に痛みを訴えている人であれば、「腰の痛み」が要因になります。

導き出されたニーズに対して医師や看護師、理学療法士などの医療的な専門職であれば、身体的要因からくる負担感や不快感の軽減を支援目標にするでしょう。

一方、介護福祉士は痛みなどの身体的な苦痛や精神的な苦痛、家を離れて何もすることがない無力感などの軽減を支援目標にするでしょう。

このように、主訴が一つでも、専門領域によってニーズの捉え方が変わってきます。また、具体的な支援においても専門領域の捉え方により支援の方針が違うということが起きます。

●「甘いもの」を食べるべきか、食べざるべきか

例えば、糖尿病の人が自宅で生活していると甘いものを食べてしまい、血糖値のコントロールがなかなか難しいという状況があったとします。

このとき、看護師はある程度、血糖値をコントロールして病気が再発しないようにするでしょう。しかし、介護福祉士は生きる楽しみや食べる喜び、生活のなかでのうるおいを奪わないで、血糖値をコントロールすることの折り合いをつけるかもしれません。

介護福祉士は暮らしに対する支援の領域が広いので、医療と折り合いをつけて生きる楽しみや喜びを失わせないようにすることに主眼をおきます。

このように介護福祉士がもっているニーズの捉え方と、医師や看護師がもっているニーズの捉え方は、相違することがあります。

● ニーズの相違：人としての尊厳とは何か

人としての尊厳とは、いったい何でしょうか。

生物学的、心理学的また社会学的にも広く人間を捉える介護福祉士のいう「人としての尊厳」というのは、非常に抽象的で曖昧で、わかりづらいものになってしまうかもしれません。

多職種連携では、職種間の意見の相違があることは当然です。場合によっては職種間の力学がはたらくこともあるかもしれません。しかし、介護福祉士は意思の代弁者になってその人の尊厳を支えるために、様々な角度から背景を捉えて、ニーズは何かを明らかにするよう努力しなければなりません。

2 チームをつくるために必要なこと

多職種連携は「チームケア」と言い換えることができます。

チームケアとは、医師、看護師、介護福祉士など、異なる専門職がチームを組んで、介護を必要としている人のケアにあたることをいいます。

ここでいう「チーム」とは、単なる人間の集団ではありません。「チーム」とは、一人では解決できない課題（課題＝目標－現実）を、良好な関係性を構築しながら、解決する集団のことです。

群れの状態にある人たちの集まりを「チーム」に変えるには、一定の営みが必要になります。ここでは、①情報の共有化を目的としないこと、②権限を集中し、階層分化させないこと、③メンバー間を縦割りにしないこと、という三つの側面から考えてみます。

●“情報の共有”を目的としないこと

各専門職はほかの職種とのコミュニケーションについて、「自分にとって有益な情報の収集だから行う」と考えている場合があります。ほかの職種がもっている情報を自分の領域で活かせるためです。

しかし、チームワークを実践していくために最も大切なものは、目的と目標の共有です。

目的とは、「何のためにチームで実践するのか」、その方針を示すものです。

これまで述べてきたとおり、多職種連携の意義は、多くの職種が集まることにより、介護を必要としている人の個別的で、複雑・多様なニーズに応え、その人が住み慣れた地域で継続して生活していけるように、一体的に支援していくことです。

ケアを一人の専門職だけで行うのであれば、すべて自分の判断で行動すればよいのであって、会議やカンファレンスの場で情報を共有するといった煩わしい手続きを必要としません。しかし、チームで活動するためには同じ方針をもつこと、つまり目的を共有することが重要になります。

どうすれば同じ目的をもつことができるのでしょうか。それは、目的の上位概念である「理念」を共有することだと思います。

同一法人に所属する多職種は同じ理念をもっています。しかし、法人が違えば理念が違います。

そこで、共通の理念として介護保険法などの制度が掲げる「要介護状態等にある者が尊厳を保持しその有する能力に応じた自立生活を営むことができるように必要な支援を行うこと」を参考とすることにより、支援の目的を具体的に共有します。

例えば、「既往症の再発を防止し、一連の排泄動作の自立を目指すことで、自宅での尊厳ある暮らしを実現させる」「脱水等健康のリスクを排除し、サロンへの通所などを通じてAさんらしく自立した在宅生活を実現させる」など長期的なビジョン、ケアの方針を示し、それをチームとして共有化します。

● 権限を集中し階層分化させないこと

権限を集中し階層分化させないことは、言葉を換えて言えば機能分担と相互干渉が必要になるということです。

チームメンバーはお互いに何をする専門職なのか十分理解しているとは限りません。特に介護福祉士は業務内容が広範囲にわたることから、ほかの専門職からみるとどのような役割を担うのか曖昧になる可能性があります。

そうなると、何でもできるのに何もできないとも解釈されます。目標が共有されたら、それぞれがその目標に対してどのようなことに取り組むのか、その役割分担が機能分担と相互干渉ということになります。

例えば、野球のチームを考えてみましょう。野球のチームは「試合に勝つ」というメンバー間共通の目標があります。そのうえで、ピッチャー、キャッチャー、ファースト、セカンド、サード、ショートなどの守備の役割分担があり、１番から９番までの打順にもそれぞれ与えられた使命（ミッション）があります。

サードに転がった球をセカンドに投げ、ファーストに投げて、ダブルプレーにします。ポジションとお互いの連携プレーがバランスをとりながら、共有された目標に向かっていきます。

このときファーストの選手がセカンドやサードより偉いといった力関係はありません。しかし、ケアチーム形成の際には職種間の力関係が生じていることは否めません。そのため、会議の場では「本音」と「建前」が生じます。この本音と建前は会議の場以外で解消されることがあるのですが、それは決して望ましいことではありません。

チーム内の人間関係がつくられ、本音が言える関係がつくられればこのような問題は生じません。そのため、その間はリーダーが「本音と建前」のリスクを承知して調整をはかるか、活発に議論することができるようにするために、会議のルールを決めることも一つの方法かもしれません。ルールを決めることでお互いの機能分化を進め、連携プレーを通じて不足する点を干渉し合う関係がつくられていきます。

● メンバー間を縦割りにしないこと

メンバー間を縦割りしないためには、それぞれの専門職が共有された目標に向かうことが必要です。

それは、例えると、木と森の関係になります。森は一本一本の木によって成り立ちますが、森はその総体として存在します。つまり「森」をどうするかが目標で、その目標を達成するためにどのような「木」を育てるのか、つまりは「木」であるメンバーにどのような役割を担ってもらうのかということです。

一本一本にこだわると森であることのメリットがみえなくなります。チームケアも同様でそれぞれの専門職が縦割りになってしまうと、総合的な力を発揮することができなくなります。

医学的判断と治療に向けた方針決定は医師、日々の暮らしのなかでの健康管理情報は看護師、生活に支障をきたす問題は介護福祉士とバラバラに支援するのではなく、その人の暮らし全体を前提に疾患や健康、生活を考えることが「森を見て木を育てる」ことになるのです。

暮らし全体をみて、それぞれの課題に「取り組む」ということが大切です。

第3節 会議の理解を深める

多職種連携は、普段のケアから意識することが重要です。しかし、医療や介護では主に「会議」でどのようなはたらきをするかによって、連携の質に大きな違いが出てきます。そのため、会議を上手に進めることが、多職種連携を円滑に進めるために重要です。

「話し合い」は子どものころから様々な場面で経験しますから、「なんとなく」できてしまうことがあります。しかし、実際の会議では顔も知らず、年齢や性別、職種、価値観など、「自分とは違う」人たちが集まり、利用者の困難な課題について話し合うものです。そのような場合、例えば議題が乱立したり、話が通じなかったりして、決められることも決められなくなってしまいます。

そのため、効果的に会議を進め、ひいては効果的な多職種連携を実現するために、会議の「構造」を理解することが重要です。

例えば試験勉強をしていても、漠然と知識を覚えていくよりも、その試験の構造（出題傾向や出題形式）を知ることで、効率的に勉強ができるようになり、得点をとりやすくなるでしょう。

会議も多種多様な人々が集まり、各々が自由な発言をするため、複雑で円滑に進めるのは難しく思えますが、その構造を理解することで、進めやすくなります。

では、会議はどのような構造をしているのでしょうか。これからみていきましょう。

1　会議の定義

一般的に会議の目的は、以下の五つです。
①情報・目標・支援過程の共有
②知識・技術・経験の交換
③メンバーの役割の理解
④チームの成長
⑤継続的なネットワークの構築

また、会議に必要な機能は、以下の二つが挙げられます。
①コミュニケーション（対話場）
②コンセンサス（合意場）

そして、多職種連携を実現させる会議のプロセスは、次のようになります。
①現状の把握（主訴）
②その背景にあるニーズの把握
③その状況を説明する情報の共有（アセスメント）
④チームの方針決定と共有（長期目標）
⑤ニーズが実現された姿の共有（短期目標）
⑥目標実現に向けたプロセスと役割の調整
⑦評価と新たな課題の共有

これらのことから、会議の定義として「情報の共有、支援方針と支援目標、支援過程の共有、役割の理解、そのための信頼関係を基にした対話場、合意場である」とします。

多職種連携が必要な会議には、「入退院時カンファレンス」「サービス担当者会議」「地域ケア会議」などがありますが、それぞれに会議の開催の目的（方針）や開催時期、参加メンバーは異なります。いずれの開催も単発ではなく経過や評価、新たな課題への取り組み、ケースの収束など継続的に開催する必要があり目的や時期（期間）、メンバーは変化します。

会議の機能として二つのＣ（Communication対話、Consensus合意形成）があると述べましたが、その前提には、①お互いに話を聞く、意見が言えるフラットな関係、②解決に向けて協力し合う、③チームのために貢献する、といった態度があります。これらをメンバーがもち合うためには会議を意図的に構造化させることが必要です。

2 会議の構造化

会議の構造化にあたっては、（１）会議の体制（５Ｗ３Ｈ　いつ・どこで・何を・誰が・なぜ・どのように・どれくらい・いくらで）、（２）プロセス（導入・展開・決定）、（３）解決・評価、という三つの側面から整理します。

（1） 会議の体制

①「いつ（When）」

会議の開催にかかわる時間、時期について考えましょう。新たに取り組む時期（入退院時、状況の変化、方針の変更）に参加メンバーの都合に合わせた時間を考慮し、議題内容に沿った所要時間を考慮します。所要時間はケース内容にもよりますが、概ね30分から１時間30分程度でしょう。

②「どこで（Where）」

参加メンバーに合わせて、特に介護が必要な人（利用者）のいる病院、施設、自宅などが考えられますが、メンバーの人数などからスペースを考えホワイトボード、プロジェクターなどの器具を使うことを考慮すると事業所の会議室が使われる場合が多くあります。しかし、当事者の緊張感が和らぐような環境設定、プライバシーへの配慮が必要になります。

③「何を（What）」

会議で話し合う、合意形成をはかる目的、議題について明確にしておく必要があります。②の所要時間とも関係しますがゼロベースでのスタートは時間のロスです。議題や事前の情報、会議の到達目標（何をどこまで決めるか）などはメンバーに事前に配付をしておくとよいでしょう。

④「誰が・に（Who、Whom）」

参加者は③に沿った内容で、医師、看護師、理学療法士、作業療法士、介護福祉士、ケアマネジャー、管理栄養士、歯科衛生士、社会福祉士、精神保健福祉士など専門職のほか、民生・児童委員、後見人（弁護士、司法書士など）、行政担当者、地域包括支援センター職員など。また、近隣住民やボランティアなどインフォーマルな人たちの参加、家族や当事者などがありますが、時としてクライエントが本人ではなく家族ということもあります。

また、専門職は倫理綱領などにより守秘義務が課せられていますが、インフォーマルな組織や個人には個人情報の取り扱いに配慮するよう注意を促す必要があります。

そして、会議を運営するメンバーは誰か、つまりチームリーダーは誰かを明確にしておく必要があります。医療チームの場合は医師がチームの中心的な役割を担うことになりますが、医師が中心のチームは階層化が進み水平で思うことを言える関係になりづらいといわれているのでその点に注意する必要があります。

⑤「なぜ（Why）」

なぜ会議を開催するのか、あらかじめ会議の目的や内容を知っておくことは、必要な情報や支援方法を共有するための準備として活かされます。

⑥ 「どのように（How）」

「本日の会議は、○○について決める会議です」と目的を明確にすることが大切です。また、会議をどのように開催するか、例えば「スカイプ」などインターネット会議で行うことも近年進められています。

会議の効果を高めるために、着座位置への配慮、プレゼンテーションにホワイトボードやプロジェクターを使用するなどコミュニケーションを円滑にするツールを活用して会議を行うこともよいでしょう。

会議の進行状況や専門的な知識を提供するスーパーバイザーを会議に参加させることもあります。

⑦ 「どれくらい（How long、How many）」

会議がどれくらいの時間で、どれくらいの頻度で行われるのか、会議の必要回数を確認し共有します。

⑧ 「いくらで（How much）」

会議開催にかかわる費用にどれくらいのコストがかかるのか、共有しておく必要があります。

（2） プロセス（導入・展開・決定）

会議の進行には導入・展開・決定のプロセスがあります。これらのプロセスの進行はチームリーダーまたは司会進行役が執り行います。

① 導入

あいさつ、本日開催される会議の趣旨、参加者、資料の説明、協議内容、所要時間や守秘義務などの説明を簡便に行います。

② 展開

これまでの支援経過の報告、利用者や家族の意向の報告、課題の検討（ニーズ）、支援目標の検討、必要な社会資源の検討、役割分担の確認、報告が内容の確認のためにメンバーから質問や意見を交し合います。

③　決定

会議での議論内容を整理してメンバーにフィードバックします。内容はできる限り、いつ、どこで、何を、誰が、どのように、どれくらいで実施するのか具体的に明示します。支援上のリスク、法令のコンプライアンスなどの確認、仮にスーパーバイザーがいる場合は総評を受けます。最後に、次回の開催日程の調整とあいさつをして終了します。

会議の内容は、議事録、会議録としてまとめて後日メンバーにフィードバックします。

（3）　解決・評価

会議の結果、利用者への支援が一体的に提供されることで本来の目的は達成されます。

利用者が死亡する、施設への入所、自立により要支援状態でなくなるなどケースが終息した場合に、振り返りの会議などを実施することでチーム間で評価することはできますが、あまり実際的ではないかもしれません。

一方、度重なる会議の結果、チームが成長しほかのケースに関しても取り組むことができれば、それはよりよい結果として評価することができます。つまり、ケースの評価以外に会議を通じて多職種協働のチームとメンバーの知識、技術、経験が向上しケースの対応力が向上することも評価として考慮しましょう。

3 会議に臨む技術

会議に臨む技術として、①コミュニケーション、②プレゼンテーション、③ファシリテーションなどがあります。

① コミュニケーション

会議は、ほかの職種とのコミュニケーションによって成り立ちます。コミュニケーションは「価値観の交わし合い」であることから、発せられる言語、非言語といった信号により相手がそれをどのように受け止めるか大きく違ってきます。

例えば、何も意見を言わない、提案もしない、情報の提供もしなければ会議に参加する意味はありません。

言葉による信号がなければ、表情や仕草が相手に伝わります。下を向いてただひたすらメモを取る姿は、信頼を損ね、有用性を感じてもらえません。笑顔で、相手の目を見て、同意に対しては大きくうなずき、意見は簡潔にゆっくり・はっきりと話し、その内容はできる限り具体的で、提案内容はポジティブなものがよいでしょう。

② プレゼンテーション

プレゼンテーションとは、異なった価値観、経験や思考をもつほかの職種に対して、介護福祉士がもつ情報や知識、技術、態度をわかりやすく提示するために必要な技術を指します。具体的な方法として次のポイントがあります。

❶ 聞き手のニーズに合わせて話をすること

❷ 改善に向けた具体的な提案をすること

❸ 回りくどくなく、簡潔で要点がはっきりして、時間をかけすぎないこと

特に❶については、相手が知りたい情報を介護福祉士として明確に伝えることが重要になります。

例えば、「Bさんは最近食欲が低下しています」というのではなく、「Bさんは、２週間前から、主食４分の１、副食４分の２、水分１日あたり550cc、体重がBMI20が19に低下しています」など、具体的な数値の変化をいろいろな角度から報告します。

さらに、❸では「２週間前の服薬が変更になってから、食欲低下がみられ、○○の副作用に食欲低下や嘔気などの訴えがみられるので、減薬ないし薬の変更はできないでしょうか」と具体的に提案します。

このようなプレゼンテーションの成功は、ほかの職種に対して信頼を生み、介護福祉士のアイデンティティを高める効果があると考えます。

③　ファシリテーション

ファシリテーションとは、会議に参加しているメンバー間の相互関係を促進するはたらきです。その結果、活発な意見が出され水平で主体的なチームの形成が期待できます。

ファシリテーションはファシリテーターによって進められます。ファシリテーターは、単なる司会進行役ではなく、会議での発言や参加を促し、議論の方向性を整理し、合意形成とメンバー間の相互理解をサポートする役です。

ファシリテーターは会議のスムーズな進行を促すために、次のような工夫をします。

❶　緊張をほぐし、参加意欲を高めること

❷　議論の内容が理解され、深められるよう整理することで議論の方向性を示すこと

❸　活発な意見を引き出し、議論を活性化させること

❹　メンバー間の意見の対立（コンフリクト）への対処をすること
❺　ほかの職種の実践知を可視化（資料、ホワイトボード、エコマップなど）することで会議のプロセスをイメージさせること

特に、❹のメンバー間の意見の対立は、多職種連携においては頻繁に起きることから、マネジメントする技術が必要になります。

対立を生む要素は三つあります。⑴立場や役割の違いなどから生まれる「条件の対立」、例えば看護師と介護福祉士などの職種の違い、正職員と非常勤など身分の違い、⑵価値観、知識、経験の違いから生まれる「認知の対立」、⑶「条件の対立」と「認知の対立」が継続することによって生まれる「感情の対立」です。

対立の解消はチームの変革や想像的な取り組みをつくるきっかけになります。対立の解消法は五つあります。

ⅰ　競争（権力や圧力を利用して自分の意見を強制する）…自分と相手の関係はwin－loseになります。
ⅱ　受容（相手の意見を優先してそれに従うこと）…自分と相手の関係はlose－winになります。
ⅲ　妥協（双方の意見から妥協点を探ること）…要求水準が下がり双方の満足が下がるので、自分と相手の関係はlose－loseになります。
ⅳ　回避（双方が解決を回避し、先延ばしする）…双方が現実逃避するので、自分と相手の関係はlose－loseになります。
ⅴ　協調（双方の意見や利益を尊重し、お互いがwin－winとなる解決を目指すもの）…最も選択されるべき手段になります。

論点が不明確だと、「当面様子をみましょう（回避）」や「本人も家族も望むなら（妥協）」というようなことになりますので注

意が必要です。

以上、対立の裏には一致や協働に向かうきっかけがあります。「昨日の敵は今日の友」として、利用者の支援に関しての方針が一致しても、方法や目標が違うなどについて、「お互いが協力し合えるところはどこか」「お互いが共通する目的は何か」に焦点を当てて話し合うことがポイントになります。

例えば、自宅で頻繁に転倒する危険性がある利用者に対して、転倒して骨折するリスクばかりを強調する医療関係者と移動を通してQOLの向上を目指すことの意義を訴える介護福祉士がいるとします。

双方は転倒のリスクの高い状況での移動に関して対立しています。しかし、医療関係者は転倒・骨折により将来のQOLの低下を懸念しており、介護福祉士は安静にしていることで現状のQOLの低下を懸念しているのでしょう。

そこで、双方は「QOLの維持向上」という支援の方針では一致していますので、医療関係者、介護福祉士双方に利用者の現状の課題の解決策の提案をしてもらうこと、例えば転倒リスクの排除のために環境要因の改善、転倒を恐れて消極的になっている利用者の外出同行支援など、現状でお互いが協力してできることを考え、提案するようにファシリテートすることが大切になります。

第2章

多職種連携の実践事例Ⅰ

第１章で学んだことを実際の事例で感じてみましょう。

第２章では、多職種連携の具体的な場として「会議」の事例を取り上げます。

実際に「自分だったらどうするだろうか」と思い浮かべながら会議の様子を読み、その後に解説に目を通してみてください。

最後には、介護福祉士が多職種に対して解説で述べたことが実現できた場合の展開例もあります。それを読み、具体的なイメージをふくらませてみましょう。

事例1

家族に課題のあるＹさんの事例

Ｙさんの事例の概要

Ｙさん（女性・80歳）

- 要介護度：要介護5
- 障害高齢者自立度：C1
- 認知症高齢者自立度：Ⅳ

Yさんの夫（82歳）

●要介護度：要介護1

●障害高齢者自立度：J1

●認知症高齢者自立度：Ⅱa

●家族構成（介護者）：
夫（詳細は上記）と同居。遠方に息子が一人住んでいる。

●疾病：
アルツハイマー型認知症・脳梗塞・大腿部頸部骨折の既往あり

●服用薬：
ドネペジル・酸化マグネシウム

●利用中のサービス …………… 頻度・内容
①訪問介護 ……………………… 毎日訪問・排せつ介助・食事介助・服薬チェック・水分摂取量のチェック・デイサービスの荷物チェック
②訪問看護 ……………………… 週2回・排便コントロール
③通所介護（デイサービス） … 週3回
④サービス付き高齢者向け住宅（サ高住）の支援員 ……… 食事の準備・部屋の環境整備

●ADL：

・食事は時間がかかるが介助にて摂取できる
・排せつはおむつ全介助（便秘がちである）
・入浴はデイサービス利用時に入っている
・寝返り、立ち上がり不可
・生活動作に介助が必要
・コミュニケーションは、返事はするが、妥当な会話ではない

●IADL：

・ほぼ寝たきりである

●これまでの生活歴：

Yさんは長年、専業主婦であった。夫は定年まで勤め、今の自宅を建てた。Yさんは料理が得意であった。また、自宅の菜園で、野菜を育てていた。

二人はとても仲がよく、夫の定年後はよく旅行に出かけていた。Yさんは5年前に脳梗塞を発症、3年前にアルツハイマー型認知症と診断された。1年前には、遠方に住んでいる息子はYさんの状況をみて心配し、Yさんを施設に入れようと父親（夫）に提案したが、夫は「母さんの世話は俺がするから大丈夫だ」と受け入れなかった。そのため、息子はいつも誰かの目がある環境にしたいと、サ高住を探した。

夫は引っ越したくないという意向をもっていたが、Yさんの介護がうまくできないこと、Yさんのからだが衰弱していくことを気に病んでいた。

●現在の生活・課題：

サ高住に引っ越してから、Yさんはしばらく落ち着きのない様子が続いた。また、介護者の夫も環境に不慣れなせいか、過度にYさんの面倒をみていた。

夫は、以前の自宅に毎日車を運転して帰っていたが、他人の駐車場に車をとめるなどしてトラブルが多かった。ケアマネジャーが見たとき、夫の車は傷だらけだった。

また、夫は外出をすることもあり、特に、Yさんのデイサービスの日は

それが多かった。訪問介護の介護福祉士はどちらかというと、遅い帰宅の心配など、Ｙさんより夫の対応に時間がかかっていた。
そのため夫に要介護認定を受けてもらったところ、もの忘れの状況から要介護１に認定された。
Ｙさんの担当のケアマネジャーは、Ｙさんの生活を安定させるには、夫のことにもかかわるしかないと思い、二人の担当ケアマネジャーになった。

最近、夫は、食欲が低下してなかなか食事をとらないＹさんに「食べないと元気にならないぞ」と無理やり食べ物を口に入れようとする場面がみられる。また、Ｙさんが夫の世話を拒否することから、夫が大きな声を出すことがある。さらに、薬を飲ませることを忘れることが時々あり、訪問介護の介護福祉士の支援内容は食事摂取量、服薬確認、排せつ状況、体調確認など、細かなチェック項目が増えていった。
Ｙさんには誤嚥性肺炎の発症もあり、嚥下障害が顕著である。
また、臀部に発赤がみられ、１日を通して臥床している時間が多い。

Ｙさんを支援する人々

①夫の介護では誤嚥事故のリスクが高く同居に否定的な医師

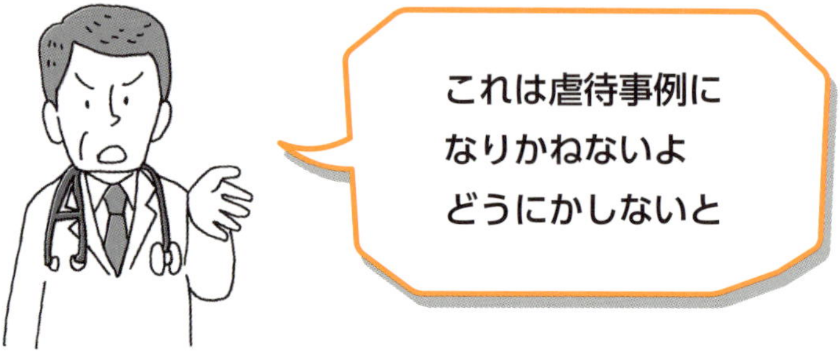
これは虐待事例に
なりかねないよ
どうにかしないと

②夫の介護は危険と考えている訪問看護師

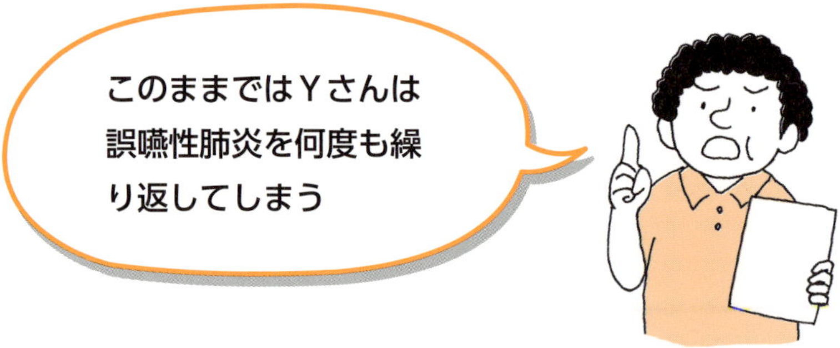
このままではＹさんは
誤嚥性肺炎を何度も繰
り返してしまう

③夫との二人暮らしは限界なのか悩んでいるケアマネジャー

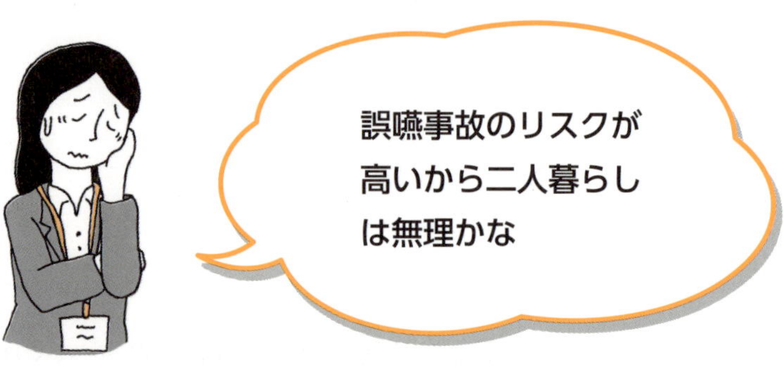
誤嚥事故のリスクが
高いから二人暮らし
は無理かな

④特に問題はないので、このまま継続してほしいと考えている
通所介護の介護職

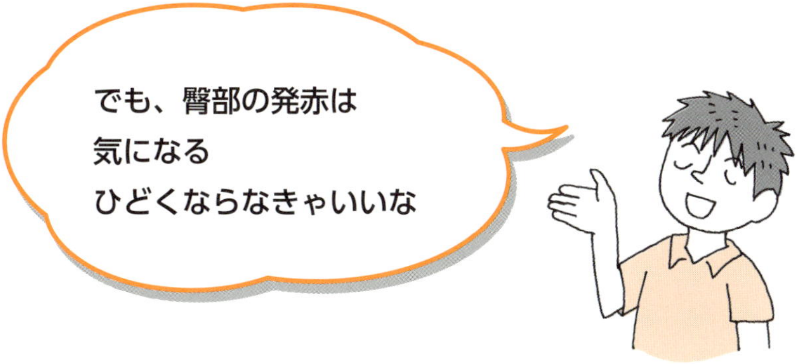
でも、臀部の発赤は
気になる
ひどくならなきゃいいな

⑤訪問介護の介護福祉士

夫の介護力を活かして
何とか同居を継続
させたい

Ｙさんのサービス担当者会議の場面

ケアマネ　Ｙさんについてのサービス担当者会議を始めたいと思います。それではＹさんの日頃の様子について、皆さんに教えていただきたいと思います。
では、訪問看護事業所からお願いします。

訪問看護師　はい。ご主人が食事を食べさせているときに時々Ｙさんがむせているということをご主人から聞くことがあります。そのため、誤嚥性肺炎が心配です。
また、ベッド上の汚れが気になります。特に枕の周りなどが汚れています。食べこぼしのようにみえますが、そう考えるとどうやって食べさせていらっしゃるのか、姿勢なども気になりますね。

ケアマネ　ありがとうございました。それでは、デイサービスでの様子はどうでしょうか。

通所介護の介護職　はい。週３回、お休みされることなくご利用されています。入浴は機械浴で毎回入っていただいております。褥瘡とまではいきませんが、臀部に発赤がみられているので少し心配です。お食事は毎回10割召し上がっておられます。全介助ですが特に問題はありません。体重は先月より少し増えています。

ケアマネ　はい。では訪問介護の支援中の様子はどうでしょうか。

介護福祉士　訪問介護では、排せつ介助、食事介助、服薬確認、デイサービスの送り出しの支援をしています。最近ご主人が、食事をあまり召し上がらないＹさんを怒ってしまう場面がありました。また、薬を飲ませるとむせてしまうこともあります。ご主人の介助の方法は少し心配ですが、Ｙさんの介護者としての役割はもっていただきたいと思っています。私たちは夜間帯の支援に入っていないので、体位変換や除圧ができているのか、そこがわからないところです。

ケアマネ　はい。それでは先生（医師）お願いします。

医師　このところ誤嚥性と考えられる肺炎を繰り返しているので、肺炎になることを防ぎたいね。多分ご主人が無理に食べさせたり、食べさせ方に問題があるんじゃないのかな。無理に食べさせて吐いてしまったり、一歩間違えると窒息してしまうからね。

訪問看護師　そうですよね。私もそう思います。本当に危ないと思うのです。ケアマネさんもそう思うでしょう。

ケアマネ　はい。そのご主人ですが、サ高住に入所されてから、認知症であることがわかりました。お引っ越しされてからも、毎日のようにご自宅に車を運転して帰っていらっしゃるのですが、他の駐車場に車をとめてトラブルになったり、車をとめた場所を忘れてしまったこともありました。そのため、ご家族と相談して、車を処分するよう話を進めているところです。

このままご主人が、Ｙさんの介護を続けることは難しいと思うのですが、皆さんのご意見をお願いします。

医師　一緒に住まないほうがよいかもね。リスクが大きいでしょう。

訪問看護師　私もそう思います。ご主人が食べ物をＹさんの口に入れて、詰まってしまっても誰もいなかったりしますし、食べ終わった後の、うがいも心配です。訪問介護さんは食事介助の後の口腔ケアは、どういうふうにされているのかしら、ご主人に対して何か助言されているのでしょうか。

医師　そうだよね。夜間の対応はしているのかね。ご主人にお任せしているってことは、夜間帯は常にリスクがあると思うよ。

ケアマネ　夜間帯はご主人にお任せしています。

医師　薬の飲み忘れもあると聞いていますが。

ケアマネ　そうですね。服薬をチェックしていただいている訪問介護さん、現状はどうでしょうか。

介護福祉士　こちらで対応するようになってからは、ご主人にも服薬チェックの方法や重要性は何度もお伝えしています。それに私どものほうでもチェックをしているので、薬の飲み忘れはありません。

医師　訪問介護の介入があるなら安心ですが、そうなると嚥下障害による誤嚥が何よりも問題だよね。まずは、お二人を離して、Ｙさんへのケアをどのように設計するかを考えたほうがよいのではないかな。

訪問看護師　私は、Ｙさんがむせているところを見ています。それに通所介護さんから説明があった、体重が増加しているという情報を重ねると、少し矛盾を感じます。先生この点はどうなんでしょうか。

医師　食事はしっかりとれているようですね。ただ褥瘡ができている。となると栄養バランスの問題でしょうか。体重のことであれば、むくみが出ても体重が増えることがありますね。それから介護者のご主人が要介護１であることも心配です。やはりお二人一緒の生活で、ご主人が介護者というのは誤嚥の心配がありますね。認知症のご主人という意味ではリスクが高いですよね。虐待を引き起こすことも考えられる。

ケアマネ　わかりました。皆さんの意見としては、お二人での生活が難しいということですので、今後はこのご意見を踏まえ、考えていきたいと思います。

介護福祉士　どのような場合でも、誤嚥などのリスクがあるのですが、ご主人の現在の介護は過度に面倒みたがりの性格から出ているとのことで、ご本人とご主人の希望のお二人での生活を続けることはもう無理なのでしょうか。

医師　嚥下障害から、誤嚥性肺炎を繰り返している今の現状では、医者の立場として生命のことを考えると、今の生活は難しいと言わざるを得ないね。

ケアマネ　ありがとうございました。本日はご家族がみえていませんので、今日のこの会議の内容をご家族に報告して、Ｙさんとご主人のお二人の生活は、リスクが高いことや、ご主人をＹさんから離したほうがよいのではないか等をお伝えしたいと思います。これで本日の会議を終了いたします。

Work

① この会議での訪問介護の介護福祉士で、よかったと思う発言はどれですか？

② 医師の『一緒に住まないほうがよいかもね。リスクが大きいでしょう』という発言について、医師はどうしてそのような発言をしたのだと思いますか？

解説

1 課題が、ある方向に偏らないようにするための留意点

●介護者の夫の問題ばかりに議題が集中してしまった

Ｙさんの会議では、介護者である夫のケアについてのリスク（「雑」な介護や虐待の心配）ばかりに議題が集中する場面が多く、広い視野から情報を整理することがうまくいっていません。

例えば、寝返りや立ち上がりの難しい高齢者にとって、臀部の発赤（褥瘡）のリスクは通常の介護でも起こりうるリスクの一つとして考えられるのにもかかわらず、会議では介護者の夫の問題の一つにされています。

多職種連携の意義は、利用者の課題や目標設定を一面的にではなく、各専門職が各々の専門性から見立てた（アセスメントした）情報を活用することで、その利用者に適する課題や目標の設定ができることです。

しかし、今回の会議のなかでは、Ｙさんの介護者（夫）という一つの課題に多くの問題が付与されました。つまり、情報の整理がうまくいっていません。

●多職種からの多様な見立てを共有し、整理する

多職種との協働を有機的に機能させるには、まず、多職種のそれぞれの専門性から見立てた情報を会議の場などで共有し、それを利用者の自立支援という観点から整理する必要があります。

例えば、今回の場合、まずは介護福祉士の視点でのＹさんの情報を発信します。そして、今度は多職種から出された情報を受け取り、その情報の意味や根拠を理解しましょう。

具体的には、Ｙさんの食事量、嚥下機能の評価、服薬状況、褥瘡

の状態、介護者の介護負担や介護知識の状況などを職種ごとに聞いていきます。

会議の状況によっては、情報が適切な形で共有されたのかを確認する必要があります。「適切な」というのは、利用者本位の形で共有がされたのかという意味です。

今回のように、介護者側の課題にのみ絡めて情報共有をするのではなく、Ｙさん本人がどうしたいと思っているのか、どのような状態なのか、などを共有すべきです。

そうした偏りがあることを発見できるのは利用者のアドボカシーの役割がある介護福祉士です。情報の偏りを発見したら、その理由を述べ、改めて、欲しい情報をあげてもらいましょう。

情報が適切な形で共有されたら、その情報の意味や根拠を理解します。その後、いくつかの課題の抽出を行い、対応方法を検討していきます。

2 利用者の状況に合わせた支援の設定

「１」で、情報を適切に共有できたら、今度は利用者のニーズを確認して共有し、目標設定をすることが大切です。同じように、多職種の専門性から適切な形で検討しましょう。今回の場合、下記の３点のＹさんの生活上の課題が共有できるはずです。

①Ｙさんの服薬管理が不十分であること

②褥瘡の悪化が心配であること

③食事の量が低下していること

会議では、訪問介護の介護福祉士が、Ｙさん夫婦の在宅生活の継続を主張しています。夫を介護者として認め、その役割をもっていてほしいという旨の発言をしていました。

しかし、上記の①～③（医師や看護師のいう「リスク」）に対しての回避策ができていませんでした。このリスクを回避できないと思ったからこそ、医師や看護師は二人の別居を主張しているのです。そのため、まずは、このリスクの回避策を検討する必要があります。

この事例の場合、①のＹさんの服薬管理については、訪問介護で介入することが可能でしょう。②の褥瘡の悪化については、体位変換の仕方や環境の整備によっては不可能ではないはずです。③の食事量の低下は、食事介助を訪問介護が直接担えばできることです。

このように、利用者やその介護者の状況に応じた支援を設定することが、介護福祉士がこだわった「Ｙさん夫婦の在宅生活の継続」を成り立たせる可能性を高めるのです。

3 介護福祉士として、医療職に対してもつべき価値

●医療職はなぜ別居がよいと思ったか

医療職の最も重要な役割は、利用者（患者）の生命と健康の維持・改善です。医療職自身もそれを自らの使命だと最も強く認識しています。

最近は利用者の生活面にも注意することの重要性がますます注目され、医療職も利用者の視点に着目するようになっています。

しかし、この事例のように、虐待が心配される場合、二人のこれまでの生活が維持できたとしても、虐待により、Ｙさんが被害を受けたり、死亡してしまったりしては元も子もありません。

このような場合、当然、医療職はＹさんの生命を守るため二人を別居させることが最優先だと考えるでしょう。

事例でも、医師が「誤嚥性肺炎を繰り返している今の現状では、

医者の立場として生命のことを考えると、今の生活は難しいと言わざるを得ない」と発言しているように、やみくもな発言ではなく、Ｙさんの生命を守るためというしっかりと根拠をもった提案であることがわかります。

●介護福祉士はなぜ夫婦の同居がよいと思ったか

翻って、介護福祉士の主張をみてみると、同居を続けさせたいという介護福祉士の思いは伝わってきますが、どうして二人が同居を続けたほうがよいのかについての発言はありませんでした。

つまり、「生命を守る」という明確な根拠をもつ医療職に対し、介護福祉士は同居の継続についての根拠を示せなかったのです。それが、両者の主張の説得力の差の原因であり、介護福祉士の主張がほかの専門職に受け入れられなかった理由ではないでしょうか。

では、二人が同居を続ける意味とは何でしょうか。

この会議に不足している情報は、夫の意向です。二人は大事な自分達の家からわざわざ引っ越してきました。二人にとって、引っ越しは大きなイベントです。

Ｙさんが寝たきりになってしまい、なかなかよくならない。夫は、毎日の介護に不安があったのでしょう。だから、息子の提案を夫は受け入れたのではないでしょうか。

この一連の行動を夫がどのように考え、どうしたいのか。生活が一変した夫の意向がＹさんのケアの根幹になるのではないでしょうか。

利用者本人と、介護者家族の意向を反映させたケアを考えられるのは介護福祉士だと思います。

Work

① あなたなら、次の場面でどのように発言しますか？
解説の内容を踏まえ、考えてみましょう。

医師	食事はしっかりとれているようですね。ただ褥瘡ができている。となると栄養バランスの問題でしょうか。体重のことであれば、むくみが出ても体重が増えることがありますね。それから介護者のご主人が要介護１であることも心配です。やはりお二人一緒の生活で、ご主人が介護者というのは誤嚥の心配がありますね。認知症のご主人という意味ではリスクが高いですよね。虐待を引き起こすことも考えられる。
ケアマネ	わかりました。皆さんの意見としては、お二人での生活が難しいということですので、今後はこのご意見を踏まえ、考えていきたいと思います。
介護福祉士（あなた）	

参考●解説を踏まえたロールプレイの展開例

ケアマネ　はい。では訪問介護の支援中の様子はどうでしょうか。

介護福祉士　訪問介護では、排せつ介助、食事介助、服薬確認、デイサービスの送り出しの支援をしています。最近ご主人が、食事をあまり召し上がらないＹさんを怒ってしまう場面がありました。また、薬を飲ませるとむせてしまうこともあります。**このことから、咀嚼嚥下機能の低下がうかがえます。少しずつ低下していることにご主人は気づいていなく、イライラしてしまっているのでしょうか。**ご主人の介助の方法は少し心配ですが、Ｙさんの介護者としての役割はもっていただきたいと思っています。私たちは夜間帯の支援に入っていないので、体位変換や除圧ができているのか、そこがわからないところです。

ケアマネ　はい。それでは先生（医師）お願いします。

医師　このところ誤嚥性と考えられる肺炎を繰り返しているので、肺炎になることを防ぎたいね。多分ご主人が無理に食べさせたり、食べさせ方に問題があるんじゃないのかな。無理に食べさせて吐いてしまったり、一歩間違えると窒息してしまうからね。

訪問看護師　そうですよね。私もそう思います。本当に危ないと思うのです。ケアマネさんもそう思うでしょう。

＝中略＝

ケアマネ　このままご主人が、Ｙさんの介護を続けることは難しいと思うのですが、皆さんのご意見をお願いします。

解説

情報の発信を多職種にわかりやすくすることが必要です。Yさんの機能低下からくる介護状況を客観的に説明します。

介護福祉士　あの、お二人の今後をどうするかは、**少し情報を整理しなおしてから考えたい**のですが、いかがでしょうか。そのうえで教えていただきたいことがあるのですが、まず、Ｙさんの嚥下機能はどの程度低下してきているんでしょうか…

＝中略＝

それと、看護師さんから、誤嚥の心配についてのご意見がありましたが、うがい時のことでしょうか。それとも、口腔内の清潔に関することでしょうか。その辺のことがわかれば訪問介護としても対応できることがあるかもしれないのですが…

訪問看護師　誤嚥についてですが…

＝中略＝

介護福祉士　どのような場合でも、誤嚥などのリスクがあるのですが、ご主人の現在の介護は過度に面倒みたがりの性格から出ているとのことで、Ｙさんとご主人の希望のお二人での生活を続けることはもう無理なのでしょうか。

医師　嚥下障害から、誤嚥性肺炎を繰り返している今の現状では、医者の立場として生命のことを考えると、今の生活は難しいと言わざるを得ないね。

介護福祉士　例えば、食事や口腔ケアについては我々でかなりの部分対応できるかもしれません。ご主人の介護の一部を我々が担えば、お二人で生活を続けることはできませんか。

お二人は介護が必要になる前は、仲睦まじく暮らされていたと聞いています。介護が必要になってからも、サ高住に

解　説

ここで、それぞれから出された情報の確認と整理が必要です。
そして、この情報に追加することはないかの確認が必要です。

解　説

訪問看護師から、口腔ケアについての意見がありました。具体的に聞くようにしましょう。誤嚥性肺炎の予防には、口腔内の清潔は必要です。ここは確認の項目です。

解　説

医師から、夜間の対応・夜間のリスクという課題が出ていますが、褥瘡予防の体位変換の問題を指しているのか、ほかに課題があるのか、この点も確認項目です。

引っ越される前も、ご主人は**Ｙさんの面倒は最期まで俺がみるんだ**と、大変使命感に燃えていらっしゃいました…

ケアマネ　お二人のこの思いにこたえるためにもみなさんでもう一度、同居継続のためのアイデアのご検討を願えないでしょうか。

例えば、服薬管理を訪問看護師さんにお願いし、与薬の介助を訪問介護さんが行うことにしてはどうでしょうか。

屯用などの薬の対応を先生（医師）と看護師さんで管理していただき、本人の状況をみている訪問介護さんに与薬をお願いするという形にすると安心です。

医師　そうだねえ。それであれば薬はいったん出してみるけども

解　説

ここで、夫のかわりとなる支援方法などを提案できれば、リスク回避が解決できます。また、これまでの二人の生活の状況を伝え、二人での生活の継続を根拠づけています。

解　説

本来はＹさんが主役ですが、二人にとって、どこでどのような生活をしたらよいのか、二人の関係性から読み取っていくことが大切です。

次の設定でロールプレイをしてみましょう

①夫に食事介助をさせるのを禁止したい
医師

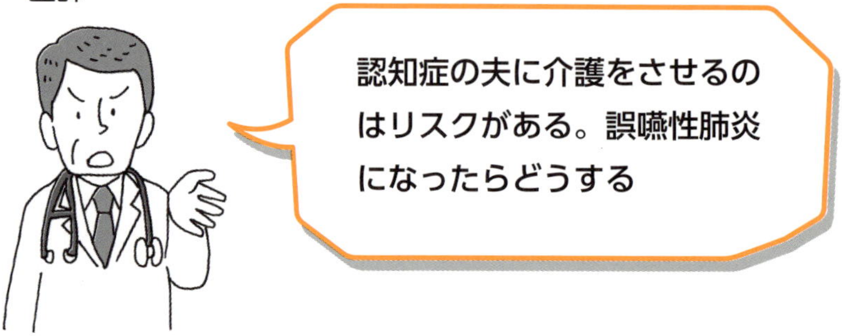
認知症の夫に介護をさせるのはリスクがある。誤嚥性肺炎になったらどうする

②誤嚥性肺炎の予防策が最重要と考える
訪問看護師

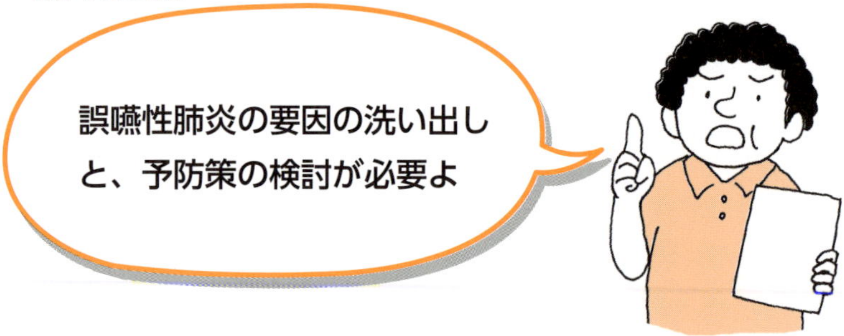
誤嚥性肺炎の要因の洗い出しと、予防策の検討が必要よ

③夫婦二人暮らしの継続を考えたい
ケアマネジャー

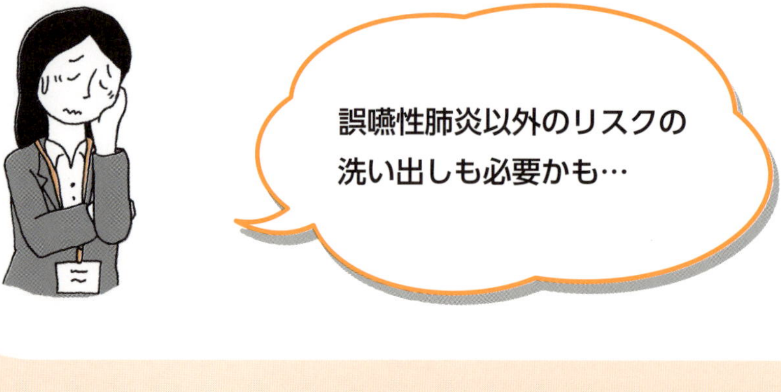
誤嚥性肺炎以外のリスクの洗い出しも必要かも…

④入浴時の全身観察が大きな役割と考える
通所介護の介護職

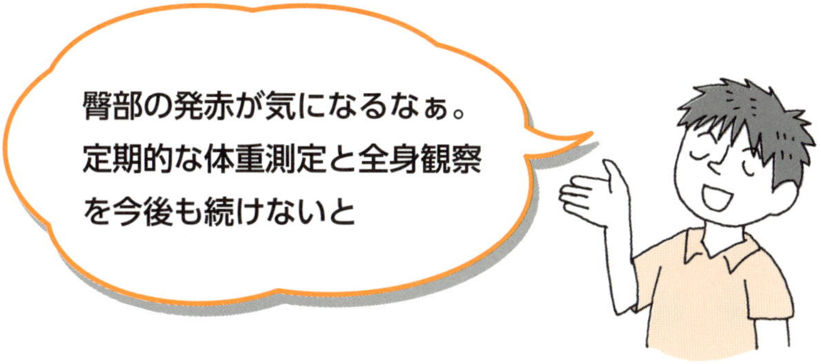
臀部の発赤が気になるなぁ。
定期的な体重測定と全身観察
を今後も続けないと

⑤訪問介護の介護福祉士

夫の協力は優しいお気持
ちの表れ。生活継続の促
進要因にできるような支
援を考えたい

事例２

老老介護になっているＫさんの事例

Ｋさんの事例の概要

Ｋさん（女性・80歳）

- 要介護度：要介護３
- 障害高齢者自立度：J2
- 認知症高齢者自立度：Ⅲa
- 家族構成（介護者）：
夫と二人暮らしで子供はいない。
- 疾病：
アルツハイマー型認知症・
高血圧症

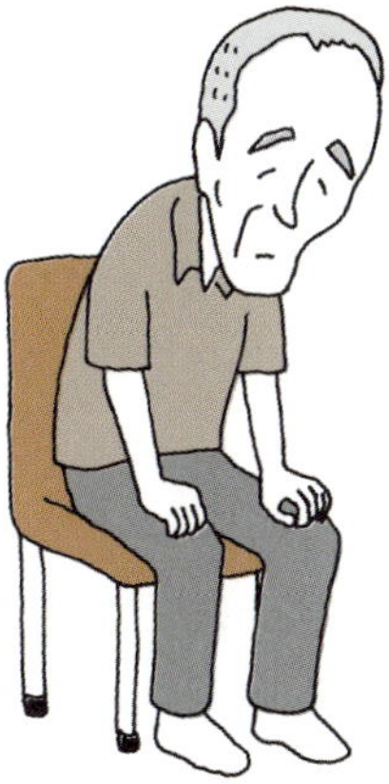

Kさんの夫（80歳）

認知症の症状等はない。

●夫のこれまでの生活歴：
生まれたときから現住所に居住。地元の高校を卒業後、定年まで会社に勤めていた。休日には、町内の役員として、妻と共に町内会の活動にも積極的にかかわってきた。また、妻と買い物や散歩に出かけることも多く、近隣の住民からは、仲のよい夫婦として評判が高い。

●妻への思い：
結婚後、大きなけんかをすることもなく、穏やかに仲よく暮らしてきた。暮らしぶりに不満をいうこともなく家庭を支えてくれた妻を大切に思っており、介護が必要になっても、できる限り一緒に過ごしたいと考えている。

●服用薬：
メマンチン・アムロジピン・テルミサルタン

●利用中のサービス ………………………… 頻度・内容
①通所介護（デイサービス） ……………… 週4回
②通所リハビリテーション（デイケア） … 週1回
③短期入所生活介護（ショートステイ） … 月3～4日

●ADL：
・排せつは自分でできるが、失敗することも多く、汚れ物をあちこちにしまい込む
・入浴は更衣、洗身を一部介助で行っている
・歩行は自立しており、ゆっくり歩く

●IADL：
・調理は夫が得意で二人分を作っている
・簡単な作業（調理・掃除にかかわる）は指示があれば手伝うことはできる
・ショートステイでも、食器洗いなど進んで手伝う

●これまでの生活歴：
65歳まで、家事をこなしながら近くの織物工場にパートタイムで働きに出ていた。そのためか、75歳頃より、「どうしよう、仕事に行くのを忘れていた」と朝、夕の時間を問わず、困った表情で家の近くを歩きまわることがある。
徘徊しているところを隣近所の住民が見かけるようになり、認知症の診断を受けた。
最近も外を歩いているが、家の場所は覚えており、仕事を退職したことを伝えると納得し、何とか自宅へ戻ることができている。現在も、デイサービスやショートステイには、仕事に行っていると思っている。

●現在の生活・課題：
夫は、Kさんが家でちぐはぐなことをするのでこまごまと注意をしている。Kさん自身は怒られていると思い、「キィーッ」と感情的になるので、夫はますますどうしてよいか困ってしまう。最近はKさんの感情の起伏が激しくなり、なだめるのが大変になってきている。そのような状態で、夫は家で介護すると決めたので最期までみてやりたいとは言うものの、今後のことが心配になってきたとも周囲の人に伝えている。

デイサービスでは、賑やかなレクリエーションなどは、嫌そうに離れていくことがあり、騒がしい場所は苦手な様子である。そのため、静かな場所でタオルたたみなどを頼むこともあるが、たたみ方はちぐはぐなことが増えてきている。夕方頃になるとそわそわと落ち着かなくなるので、職員が付き添っている。

デイケアの利用では、手作業を中心にしたプログラムを実施している。最近は下肢筋力の低下が課題にあがっている。また、言葉の理解ができない場面が増えているようだとスタッフから意見が出ている。

ショートステイでは、最近は、以前に増して感情の起伏が激しく、涙を流して「何でこんなことになったのか」と怒ることが増えている。利用中は台所仕事、掃除などの仕事をお願いすると集中してもらえるが、終わるとすぐに帰りたいと訴える。夜になり辺りが暗くなると、宿泊には納得し朝まで穏やかに眠ることができている。しかし、本人の日中のストレスを考えると宿泊は３〜４日が限度ではないかと、事業所スタッフの間では話をしている。

Kさんを支援する人々

①サービス量を調整することが重要だと考えている
ケアマネジャー

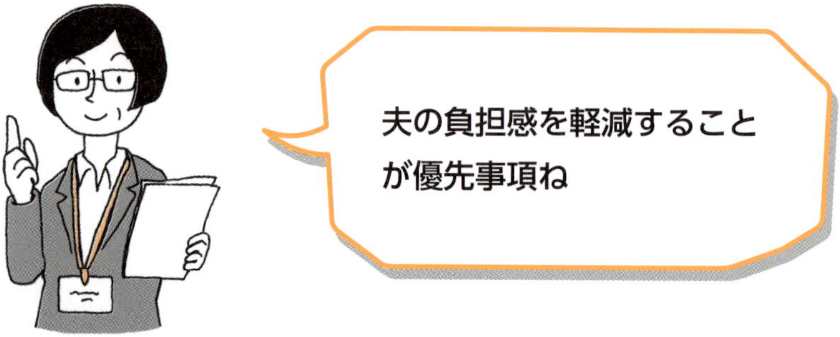
夫の負担感を軽減することが優先事項ね

②下肢筋力の低下を気にしている通所リハビリの理学療法士

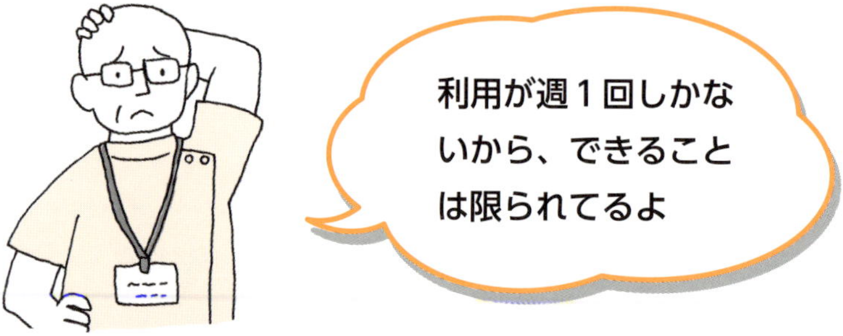
利用が週１回しかないから、できることは限られてるよ

③これ以上利用を増やすのは限界だと感じている
ショートステイの看護師

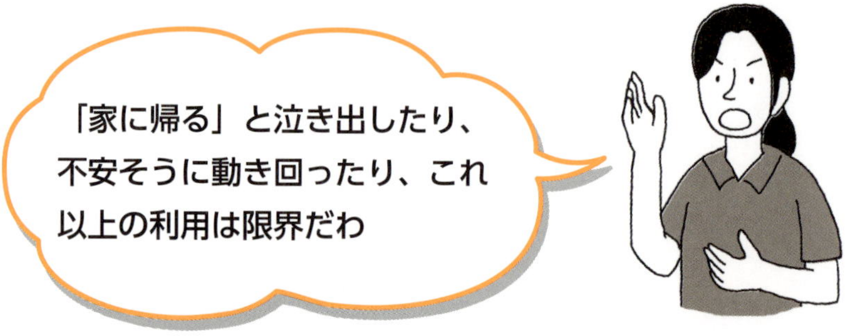
「家に帰る」と泣き出したり、不安そうに動き回ったり、これ以上の利用は限界だわ

④夫

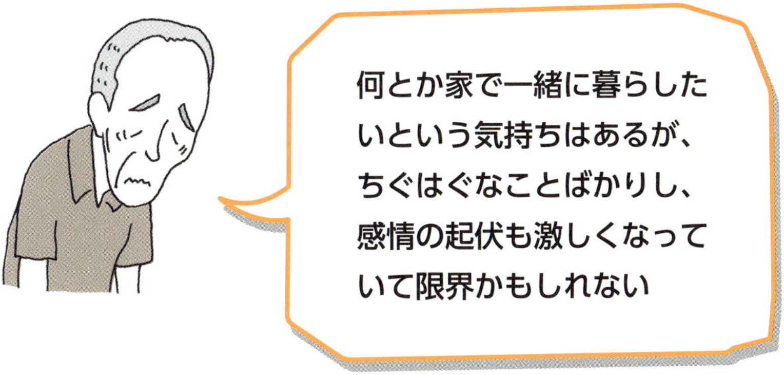
何とか家で一緒に暮らしたいという気持ちはあるが、ちぐはぐなことばかりし、感情の起伏も激しくなっていて限界かもしれない

⑤通所介護の介護福祉士

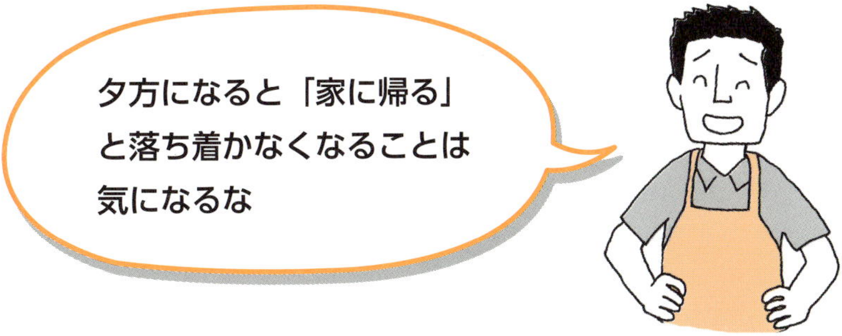
夕方になると「家に帰る」と落ち着かなくなることは気になるな

Ｋさんのサービス担当者会議の場面

ケアマネ　皆さん、お集まりいただきましてありがとうございます。ご主人からＫさんの介護について最近の様子はかなり大変だと感じていらっしゃると聞きました。そこで、本日はその点をお互いに共有して、ご主人の負担等を軽くするために、具体的にどういうことができるのか、ということを相談しますので、よろしくお願いいたします。
はじめにご主人から、Ｋさんと一緒に生活するうえで最近はどういうことに困っているとか、Ｋさんが１日自宅にいるときにはどのように過ごされているのかなど、具体的に教えていただけますか。

夫　はい、家にいるときは、どう言っていいのかな。ちょっと落ち着きがないときがあります。ちょっと間違うことがあるので注意すると、すぐに怒るんですよね。何か言うと、「あんたなに‼」って怒りだすので、注意や指示が何もできないというのが今の困りごとです。
デイに行っている日の夜は落ち着いています。
家に１日いるときは「仕事に行く」って言って出かけようとするので、そのときは「いってらっしゃい」って言って、すぐ後ろから追いかけて行って、「今日もお疲れさま」って言って帰ってきます。私がうまく追いかけていけるときはいいんですけど、出ていくときに気が付かないと、なかなか帰ってこなくて心配です。
それから、家の中で汚れた下着をどっかにしまっちゃうんですよね。後で引き出しを探すと見つけるときがあって、そのときはそーっと片づけているんですけど、私も男なもんですからね、ちょっと、がさつになっちゃって、その場面を見つかってしまうとまた怒ることがあるので、それが大変です。

ケアマネ　ありがとうございます。排せつを失敗されたときに、ご主人が着替えを手伝っているんですか。

夫　いや、してないです。私がトイレについていくと怒るので、本人がトイレを使った後で入って、トイレが汚れていると掃除はしますけど、着替えは自分の部屋にそのまま行っちゃうのでわからないです。

ケアマネ　では、新しい下着を取りかえるのは奥様がご自身でされているわけですね。

夫　えぇ、本人がやっています。

ケアマネ　汚れた下着をどこかに片づけられたのを、またあとで時間をみて探しているんですね。

夫　そうです。洗ってくれとは言わないので、全部タンスとかいろんなところにしまっちゃうので困っています。

ケアマネ　ありがとうございます。ともかくご主人は、奥さんの様子を見ながら後を追いかけてお世話されているのが大変なようです。

デイサービスでは、日中の活動のご様子や、自宅でご主人が困っておられるような点についてどうしているかを教えていただけますか。

通所介護の介護福祉士　はい。デイサービスでは、みんなで賑やかにゲームなどをしているときは少し嫌がられるんですが、静かなところでタオルをたたむとか、コップを洗うとか、家事のようなお手伝いは一緒にやってくださいます。Kさんは、デイサービスに仕事に来ていると思われているからだと思います。

そういうときは結構楽しそうに過ごされておられます。

最近は、タオルのたたみ方が上手にできないときもありますが、なんとか頑張っています。

ケアマネ　ご主人の場合、自宅では作業がうまくいかないことを指摘したときに、怒ってしまうことがあるということなんですけれど、デイサービスではどうですか。

通所介護の介護福祉士　そうですね。注意されるとか、やっぱり誰でも、嫌じゃないですか。失敗を指摘されたりとか。ですから、誰に対してもそういう対応はできるだけしないようにしていますので、Ｋさんが怒られる場面は少ないと思います。仕事をやり遂げたということで、一緒に喜んだりするので、Ｋさんも、それで満足してくれているような気がしています。

ケアマネ　ご主人にこういうふうな声かけをすると、奥様が落ち着かれますよ、というようなアドバイスというか、うまくいっているような事例があれば、教えていただけますか。ご主人も工夫できるんじゃないかと思うんですけど。

通所介護の介護福祉士　はい。例えばＫさんは、トイレに行きたいときや、便秘気味のときはご機嫌が悪くなるようなので、トイレの回数や、排便の間隔などを把握して、排便のタイミングのときは長めにトイレに座ってもらうよう促します。すると、排便も定期的にできて、その後は機嫌がよくなりますよ。
あと、ご自分では何でもきちんとできているという気持ちが強いので、「上手にできたけど、まだこっちもお願いします」と言うと、すごく落ち着いてしてくださるかな。トイレで失敗して下着を汚されたとしても、「あ、ごめんね、私たちが気がつかなくてごめんね」と言うと「大丈夫、大丈夫」と言って自分で脱いでいただけることもあります。

ケアマネ　ありがとうございます。それでは、通所リハビリは、週１回ですが、日中の活動のご様子とか、気分を害されたりするようなことがあるかないかとか、具体的にこういう声かけをすることでうまくいっているということがありましたら、教えていただけますか。

通所リハビリの理学療法士	はい。利用は週１回だけですのでね、なかなか、これといって強化するとかいう、そういう段階ではありません。手作業を中心にリハビリを行っています。 でも、そのなかで時々指示が理解できないことが増えてきていたり、下肢筋力が弱ってきていたりするので心配しています。下肢筋力の低下については、週１回で、できることも限られているので仕方ないかな、とも思っています。 言葉の理解がしにくいときには、見本を見せる、一緒にするというようなはたらきかけをしています。
ケアマネ	ありがとうございます。自宅でご主人がそれをまねるというか、同じようなはたらきかけをするってどうでしょう。難しそうですか。
通所リハビリの理学療法士	そうですね、同じようにできると思いますよ。けれど、ご主人はＫさんにとって、夫婦という特別に近い存在なので、遠慮せず感情を出されるのでしょうね。
ケアマネ	ご主人は、日中にＫさんとなるべく一緒にいて、見本をみせたり、その都度「こうするんだよ」といった声をかけるというのは、ちょっと厳しいですか。
夫	ずっとそばに付いているっていうのはちょっと厳しいかな、と思います。 デイサービスなどに出かけていて、いないときはちょっと、ホッとするというか、自分の気持ちのなかでは、妻をみてもらえているので安心しています。その日の夜は、外に出かけることもなくゆっくり寝てくれますからね。
ケアマネ	ショートステイは３～４日利用していますけど、もう少し日数を長くするという対応は可能でしょうか。
ショートステイの看護師	そうですねぇ。利用はされていますけれども、なかなか慣れてくれなくて。いつも不安そうで、泣き出したり、帰宅

願望も強いですので、周りの方も不安なご様子になりますので…。対応する職員の方が大変になってくるというのもあって、夜間は寝てはくれますけれども、やはり他の利用者さんまで、そういった不安、不穏な様子が影響してくるというのはちょっと避けていきたいと思います。今のまま、３～４日ぐらいが限度じゃないかな。これ以上長くなると、やはりご本人もつらいのではないかと思います。

ケアマネ　Ｋさんは、日中お仕事に行くというような形でデイサービスは拒否なく使っていただいています。ご主人の負担軽減という点と、Ｋさんもデイサービスには拒否なく通っているという様子から、デイサービスの回数を増やしてはどうかと思いますが、そういう対応はどうでしょうか。

通所介護の介護福祉士　Ｋさんは下肢筋力が弱っていると理学療法士さんからお話がありましたよね。
このまま、筋力低下が進むと、転倒のリスクも増えます。
デイサービスを増やすのがよいですか。

通所リハビリの理学療法士　今まで週に１回の利用で、どのように機能維持をするかという意見は事業所内の会議でも出ていました。
デイサービスの回数を増やしていくのであれば利用中の過ごし方のなかでプログラムを検討することもできるのではないかと思います。

通所介護の介護福祉士　ショートステイでは、昼間はどんなご様子ですか。

ショートステイの看護師　そうですね。洗濯物、タオルなどをたたんでもらっています。ほかの利用者さんと一緒にたたんでもらったりして、何とか帰宅願望が起こらないようにしています。気持ちをそらすようにしています。
排せつに関しては職員がついていきますので、そのときに確認していますが、特に拒否されることもありません。

利用中に対応で一番工夫しているのは帰宅願望だとは思いますけれども、まぁ自宅ではないので仕方ないですよね。どうしても家に帰りたいという気持ちは強いみたいです。

ケアマネ　ご主人、デイサービスの回数を増やすなどで、Kさんと日中はなれて過ごす時間を増やすということはどうでしょうか。

夫　利用料金は気になりますが、それが大丈夫であればサービスを増やしてもらってかまいません。あとは、とにかくもうちょっと楽になりたいです。

ケアマネ　本日は、ご主人の疲れが今とてもたまっていて大変というお話がありましたので、何とかご主人が楽になるようにというようなお話の内容にしたかったところです。皆さんからのお話のなかで、サービス利用中には、Kさんが落ち着いて過ごされている様子もありました。自宅でも同じように落ち着いて過ごせることがご主人の休息につながると思いますので、そこを目標にして引き続き情報共有をしていきたいと思います。また、当面、利用回数を増やすなどでご主人の介護負担を軽減することについても具体的なご相談をしていきたいと思います。本日はお時間をいただきましてありがとうございました。

一同　ありがとうございました。

Work

① 介護福祉士の発言のなかで、よかったと思う内容はどれですか？　その理由についても考えてみましょう。

② 会議のなかで夫の気持ちを受け止めるために、介護福祉士はどのようなかかわりや発言ができるでしょうか？

解説

1 家族が出席している会議の留意点

●チームとして夫の気持ちを「受け止める」こと

ロールプレイでは、会議の参加者から夫への助言は、介護への技術的な内容がほとんどでした。ケアマネジャーは、夫の困っていることを聞き出そうとしていますが、具体的な内容を聞き出すことで、参加者の発言は、そのことについての対応方法に流れてしまいました。

会議の最初に、夫がどのような気持ちでいるのかを、お互いに確認できる場面が必要です。特に、今回は夫の介護負担感が増していること、その負担を軽くすることを目的に集まっている会議ですから、まずはチームで現在の夫の気持ちを共有することが大切です。

●家族介護者の気持ちを受け止めるのは介護福祉士の役割

次に、介護福祉士は、家族の思いや葛藤を理解することとともに、潜在的な希望や意欲を引き出す力が求められます。利用者が安心して生活を継続するために、**家族介護者の気持ちを受け止めて支える**ことは、介護福祉士がもつべき大切な価値です。

介護福祉士は、利用者本人だけでなく、利用者をとりまく環境としての家族へのはたらきかけができることが重要ですが、その第一歩は家族の気持ちを受け止めることから始まります。

ロールプレイのように、家族の気持ちを聞いているつもりが、実は振り返ってみると、家族が困っていることへの方策、手立てに終始してしまったということはよくあります。これでは、Ｋさんの夫がどのような気持ちでいるのかがわからなくなり、最終的な解決が夫の潜在的な希望に一致しているのかを確認しにくくなります。

専門職として「何ができるか」を提案する前に、当事者の気持ちを聞く、確認することが重要です。

●気持ちを「受け止める」技術とは

介護家族の気持ちを受け止めるためには、対人援助技術で求められる傾聴の姿勢や共感的態度をもつことが必要です。

ロールプレイでは、最初にケアマネジャーから夫に困っていることなどを尋ねています。そのときに、介護福祉士として、「ご主人の困っておられるのは～ということですか」と夫の言葉を要約したり、反復したりして確認します。

そのほかに、この場面では出てきませんが、夫がＫさんとどのように暮らしたいと考えているのか、日頃のかかわりのなかから把握している夫の発言などがあれば、あらためて聞いてみることも有効でしょう。介護福祉士は、介護を通して本人や家族と生活場面面接を行っています。日常の意図的なかかわりのなかから情報収集した内容を、カンファレンス場面で投げかけ、潜在的なニーズを少しずつ明確にできるかもしれません。

また、家族介護者の介護負担には、本人の身体状況などの状態、介護受容の程度、本人との続柄など以前からの関係性、経済面など様々な要素が影響するといわれています。そのような視点に加えて、介護家族のたどる心理的ステップについての知識などを活かして家族の気持ちを多方面から分析することで、理解がしやすくなることも考えられます。

2「落ち着かない利用者」への介護福祉士としての対応

●利用者の行動の理由（原因）を理解することが個別対応につながる

ロールプレイでは、ショートステイの看護師から、不安で泣き出すことや、「帰宅願望」があるのでこれ以上受け入れを増やすのは難しいとの発言がありました。ショートステイの利用中は、洗濯物たたみなどをして「帰宅願望」が起こらないように努めていると言っています。

認知症の利用者の行動には、個別にその原因・背景があり、その点を知ろうとする姿勢が求められます。

BPSD（行動・心理症状）を「帰宅願望」や「不穏」という言葉でひとまとめにすると、一人ひとりの行動・心理症状の原因・背景が違うという点が見えにくくなります。

介護福祉士は、「帰宅願望」という表面的な行動に場当たり的に対処するのではなく、Kさんが帰りたいと言っている原因・背景について考え、個別の対応を工夫する必要があります。

●Kさんが落ち着かないときの「場面・時間・直前の出来事」から類推する

認知症の方が落ち着かなくなるのは、様々な要因が考えられます。

からだの不調や内服薬との関連、空腹等によるもの、寂しい、顔見知りがいないなどの心理的な不安感、周囲の音や光などの物理的環境や、これまでの生活歴や生活習慣との違いなど、身体的側面、心理的側面、社会的側面から吟味することが重要です。

例えば、Kさんが落ち着かないときは、夕方の時間帯や、洗濯物たたみが終了した場面かもしれません。あるいは、周囲が賑やかにゲーム等を楽しんでいるときかもしれません。

このような考え方もできます。Kさんにとっては、ショートステイに仕事に来ているつもりなので、夕方に洗濯物たたみの仕事が終われば、家に帰ろうと考えるのかもしれませんし、お腹がすいてきたので、家に帰ってご飯を食べようと考えるのかもしれません。

また、賑やかな場所が苦手なKさんは、周りがうるさいので、どこか静かなところへ行きたいと思っているのかもしれません。

このように、介護福祉士は実際の状況とKさんのこれまでの生活習慣や好み、体調などの情報とを統合し行動の要因を推測していくことが求められます。

3「落ち着かない認知症の利用者」に対する多職種での対応

●介護福祉士とほかの職種との視点の違い

例えば、看護師などの医療職は、本人の健康状態に着目してかかわりが始まります。一方で、介護福祉士は、本人の暮らし方や生活上の課題に目を向けます。

これらは、どちらが正しいということではありません。それぞれの専門職には視点の違いがあることを認識し、強みを活かしながら情報共有することが大切です。

また、専門性が違うということは職種により使用している言語も違います。その点を意識しながらコミュニケーションをはからなければ、共通理解は進みません。

介護福祉士が医療職と話をして「わかってもらえない」と困っている場面で、本当に相手に伝わる話し方をしているのかという点は、振り返ってみる必要があります。

ほかの専門職がどのような視点で利用者理解を進めるのかを知る

ことで、それぞれの専門職に伝わる共通言語に気づくこともあると思われます。

●多職種から情報を聞き出し介護福祉士として解釈する

例えばロールプレイでは、ショートステイの看護師がこれ以上ショートステイの期間を延ばすのは、本人の負担になるという点を強調しています。あるいは、通所リハビリの理学療法士は、下肢筋力低下を課題と考えています。

いずれも大切な視点ですが、このままではＫさんの支援として方針を統一することはできません。また、介護福祉士もそれぞれの専門職の意見に対して十分な意見交換ができていません。

介護福祉士はほかの職種の意見を聞きながら、どの職種よりもＫさんの人生や暮らしに着目する専門職として、生活上の背景に目を向け、どのような生活支援が重要と考えているかを伝えることが必要です。

そのために、ショートステイで本人がストレスを軽減しながら過ごすことができないか、通所リハビリで課題とされている下肢筋力の低下について、日常生活場面で工夫できることはないか、など積極的にほかの専門職の考え方を聞き、Ｋさんの生活上の課題を分析することも求められます。

●多職種で確認すべき内容は本人の暮らしの継続

ロールプレイでは、理学療法士が「週１回では何もできない」と消極的姿勢を見せていました。また、ショートステイの看護師も「家ではないので、帰宅願望も仕方ない」となかばあきらめています。

ケアマネジャーは夫の介護負担を軽減したい一心で、Ｋさんのデイサービスの増回などを提案しています。確かに、この会議では夫の感じている介護負担をどのように軽減するかということが、開催目的でした。

介護福祉士は、このような会議の場面でどういう役割を果たせるでしょうか。

家族の介護負担軽減を考え、Ｋさんのサービス量を増やすことが必要なこともあります。しかし、その前に、Ｋさんがこれからも引き続き安定して自宅で暮らし続けられるように、生活全体を支えるプランの視点に立ち、提案をできることが重要です。

前述のように、それぞれの専門職は、その専門性の視点で利用者にとってよいと思われる提案をしますが、介護福祉士はそれらの専門職の考える課題に、利用者本人の人生や暮らしの継続という視点で横串を通すような役割を担います。

つまり、利用者の暮らしや人生の目標を明確にし、その目標に対して多職種で何ができるかを話し合うことで家族の課題も解決することが求められます。

例えば、Ｋさんの暮らしの継続という点では、通所リハビリでは、言葉による指示が理解しにくくなっているという課題があがりました。その点について、デイサービスではどのようなかかわりをしているのか、また、ショートステイではどうなのかということを共有することが必要です。実は、自宅でも同様の課題があり、夫が気づいていないだけかもしれません。

各事業所が共通の課題を認識することで、夫の介護に反映できる可能性が広がります。それぞれのサービス事業所が、本人の暮らしの継続という視点で協働できるよう介護福祉士がはたらきかけることは可能です。そのような提案を行うことで、多職種の有機的な連携がはかれるようになると考えられます。

Work

① あなたなら、次の場面でどのように発言しますか？　解説の内容を踏まえて考えてみましょう。

ケアマネ	はじめにご主人から、Ｋさんと一緒に生活するうえで困っていることを、具体的に教えていただけますか。
夫	はい、家にいるときは、どう言っていいのかな。ちょっと落ち着きがないときがあります。ちょっと間違うことがあるので注意すると、すぐに怒るんですよね。 【中略】 それから、家の中で汚れた下着をどっかにしまっちゃうんですよね。後で引き出しを探すと見つけるときがあって、そのときはそーっと片づけているんですけど、私も男なもんですからね、ちょっと、がさつになっちゃって、その場面を見つかってしまうとまた怒ることがあるので、それが大変です。
通所介護の介護福祉士（あなた）	

参考●解説を踏まえたロールプレイの展開例

ケアマネ　ご主人にこういうふうな声かけをすると、奥様が落ち着かれますよ、というようなアドバイスというか、うまくいっているような事例があれば、教えていただけますか。ご主人も工夫できるんじゃないかと思うんですけど。

通所介護の介護福祉士　はい。でも、**ご主人は今のままでもいろいろなことを工夫されて、精一杯頑張っておられると思います。本当におつかれさまです。**

夫　いえいえ。皆様にもよくしていただいておりますので…。

通所介護の介護福祉士　ご主人はＫさんのために、精一杯介護を頑張っておられます。でも、やっぱり初めてのことですし、お一人で介護されるのは大変だと思います。今日は**アドバイスというよりは、ご主人の頑張っておられるお気持ちを大事にしながらも、少しでもご負担を減らせないか、皆さんでアイデアを出し合ってみる**という形にしませんか。

夫　そうしていただけますと、助かります。

＝中略＝

ケアマネ　ショートステイは３～４日預かっていただいていますけど、もう少し日数的に長く利用するという対応は可能でしょうか。

ショートステイの看護師　そうですねぇ。利用はされていますけれども、なかなか慣れてくれなくて。いつも不安そうで、泣き出したり、帰宅願望も強いですので、周りの方も不安なご様子になりますので…。対応する職員の方が大変になってくるというのもあって、夜間は寝てはくれますけれども、やはりほかの利

解　説

まずは夫の頑張りをねぎらうことが必要です。

解　説

夫をねぎらう気持ちを多職種にも広げる（共有する）意図があります。
さらには夫に対し、「指導する」という上からの目線ではなく、同じチームのメンバーとして共に考える姿勢を強調することで、夫の気持ちを共有しようとしています。

用者さんまで、そういった不安、不穏な様子が影響してくるというのはちょっと避けていきたいと思います。今のまま、３～４日ぐらいが限度じゃないかな。これ以上長くなると、やはりご本人もつらいのではないかと思います。

通所介護の介護福祉士　**不安そうになられる時間帯はだいたいどのくらいですか。**

ショートステイの看護師　時間帯というのは、特に決まりはないですね。

通所介護の介護福祉士　そうですか。**どんなときにそういうふうになられるのでしょう。**

ショートステイの看護師　そういえば、洗濯物とか何かお手伝いをされた後によく泣き出したりされてたかな。

通所介護の介護福祉士　もしかしたら、そこに何かの原因があるかもしれないですね。もしよければ、そのときのＫさんの**ご様子を詳しくみていただいて**、デイサービスのご様子と比べる等、一緒に考えられればと思います。例えば、空腹ではないか、ずっと起きていて疲れが出ているのではないか、何か心配事があるのではないかなど、推測できそうな内容を共有できるとうれしいです。直接ご連絡いただいてもいいですし、またこのような場を設けて話し合ったりできないでしょうか。

解　説

不安そうな様子や泣き出すことへの対処をすぐに考えるのではなく、なぜそれが引き起こされているのか原因を探ろうとしています。

解　説

もしその場でわからなかった場合は、その原因を詳しく探るためのアドバイスや方策を立てる発言もよいでしょう。
生活面に着目したアセスメントの視点ともいえます。連続した生活の流れから原因を探ろうとするのは医療職の視点とは異なり介護福祉士だからこそできることだともいえます。

次の設定でロールプレイをしてみましょう

①夫の負担感が強く、在宅介護は無理だと思っている
ケアマネジャー

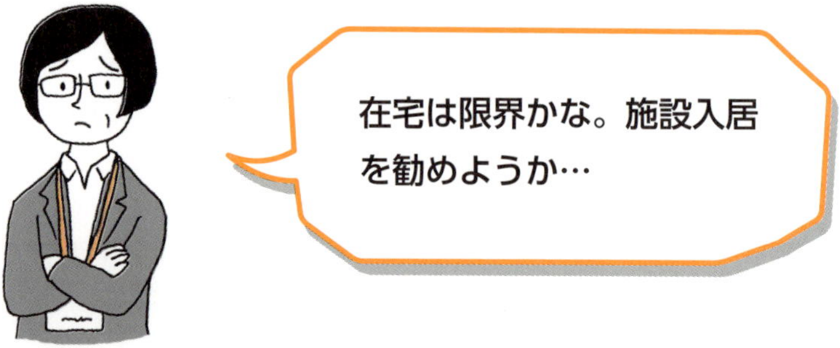
在宅は限界かな。施設入居を勧めようか…

②利用中、元気にからだを動かしてもらおうと考えている
通所リハビリの理学療法士

週1回の利用だから、楽しく過ごしてもらいたいなあ

③利用中の安全と健康管理が最優先と考えている
ショートステイの看護師

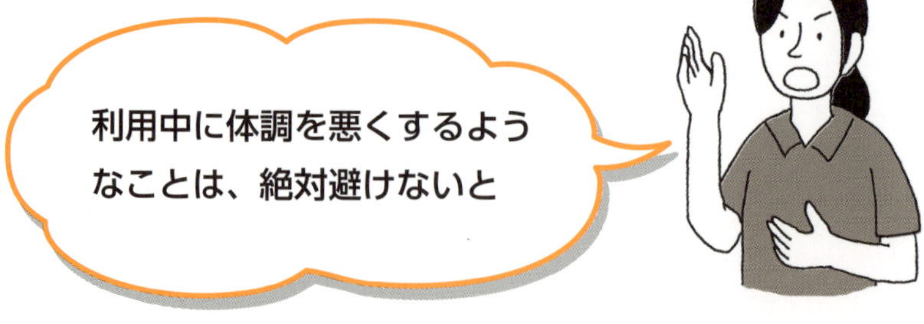
利用中に体調を悪くするようなことは、絶対避けないと

④何が最も大変なのか自分でもわからない夫

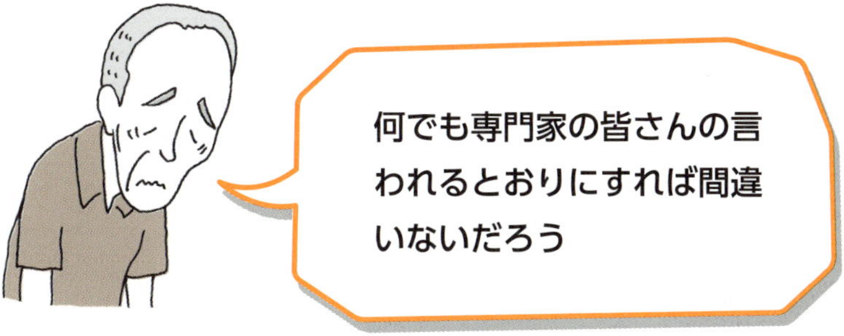
何でも専門家の皆さんの言われるとおりにすれば間違いないだろう

⑤通所介護の介護福祉士

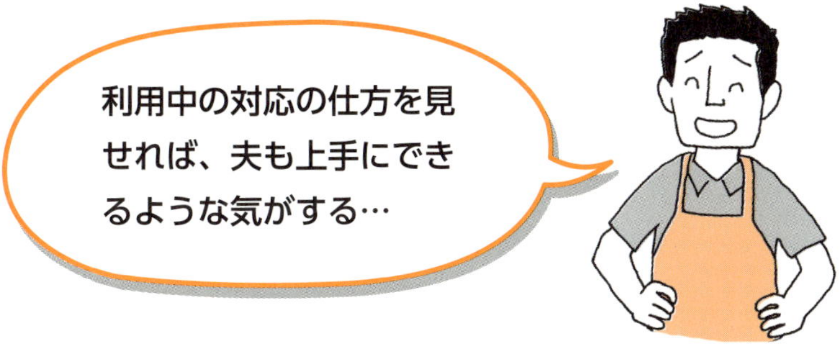
利用中の対応の仕方を見せれば、夫も上手にできるような気がする…

第3章

多職種連携の実践事例Ⅱ

第３章も、基本的な流れは第２章と同じです。

しかし、本章では、読者の皆さんにも、より積極的に「自分だったらどうするだろうか」と考えてほしいと思っています。そこで、第２章とは違い、解説を参考にした展開例をあえて収載していません。

簡単な解説は収載していますので、参考にしていただきながら、ご自身で考えてみましょう。

事例３

医療ニーズの高いOさんの事例

Oさんの事例の概要

Oさん（男性・78歳）

●要介護度：要介護５

●障害高齢者自立度：C2

●認知症高齢者自立度：Ⅱ

●家族構成（介護者）：
妻（75歳）と同居。子供は１男１女。近くに長男が住んでおり、長女は車で１時間かかる距離に住んでいる。

●疾病：
ALS（筋萎縮性側索硬化症）・高血圧症

●服用薬：
リルテック・ファモチジン・酸化マグネシウム・ベルツムラ（眠剤）・フルントラセパム（アメル）（眠剤）

●利用中のサービス … 頻度・内容
①訪問診療 …………… 週２回以上（状況によって毎日対応）
②訪問看護 …………… 毎日、排便コントロール・喀痰吸引・バイタルチェック他
③訪問介護 …………… 排せつ介助・移乗介助・散歩介助・喀痰吸引他
④訪問入浴 …………… 週２回

●ADL：
・生活全般に介助が必要
・人工呼吸器・胃ろうを使用
・筋力はほとんどない
・コミュニケーションツールを使う。端的な言い回しが多い
・相手の意思を理解できる

●IADL：
・寝たきりで全身の麻痺があるため、どれも不可の状態

●これまでの生活歴：
元々会社の経営者をしており、ワンマンなところがあった。
気管切開までは、特別養護老人ホーム併設のショートステイを利用していた。ところが、呼吸器をつけてからは、ショートステイを利用できなくなった。

●現在の生活・課題：
【妻の状況】
夜間の介護などは妻が一手に引き受けている。子供たちには迷惑をかけたくないと思っている。
Oさんが「妻は今まで、自分に対して意見をするということはなかったが、最近、自分が妻に要求することに対して意見をするようになった」と口にしていた。
喀痰吸引の頻度が多い日は眠ることができない（夜間はサービスを利用していない）。訪問介護サービス利用中外出ができる。ALSの家族の会に入っており、積極的に参加している。
【Oさんの状況】
訪問介護サービスは複数事業所を利用している。訪問介護等のサービスに対して様々な訴えが多く、パソコンでの言葉も厳しい。細かなことにこだわり、叱責することが多いので、サービス事業者のサービスが満足のいくものになっていない。
訪問介護サービスで、離床して車いすにて過ごす時間があり、近所の公園に散歩することがある。
妻は、「少し前のことですが、夫が初めて私にありがとうと言ってくれました」と寂しそうにしていた。妻の疲労やイライラしている様子は感じ取っている。本人も子供たちにまで世話を求めたくないようである。

Oさんを支援する人々

①妻の介護負担をどう支援するかを課題と感じるケアマネジャー

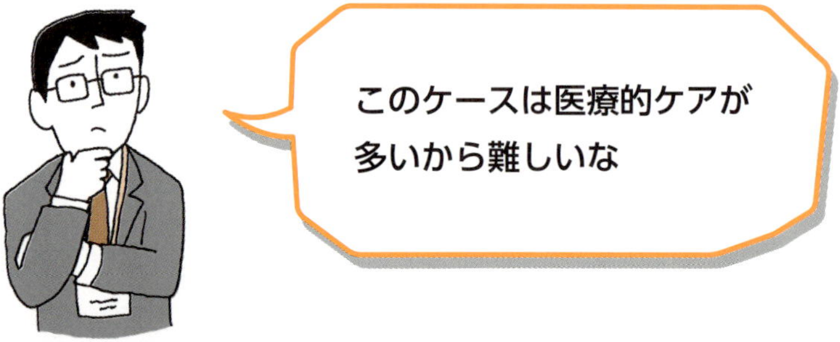
このケースは医療的ケアが多いから難しいな

②在宅生活継続のため、自分が中心にならなければと考える医師

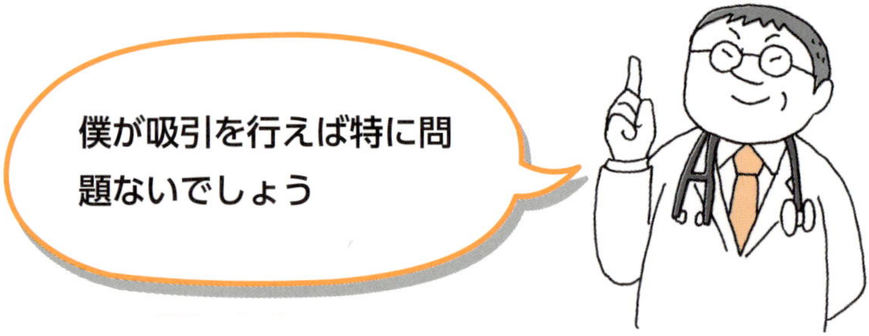
僕が吸引を行えば特に問題ないでしょう

③とにもかくにも妻の負担を減らしてほしいと考えている訪問看護師

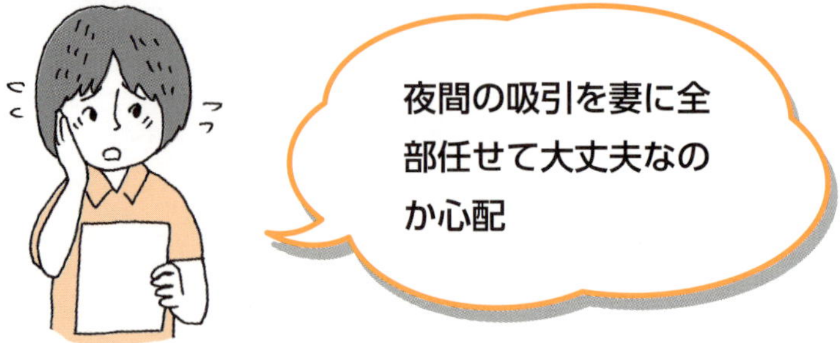
夜間の吸引を妻に全部任せて大丈夫なのか心配

④ポジショニングの専門性が必要だと感じる理学療法士

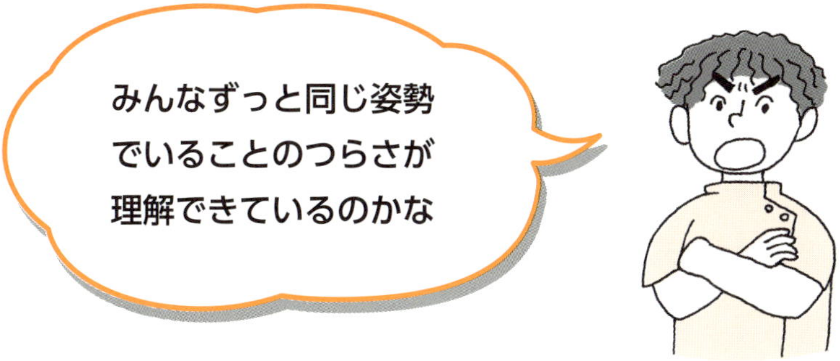
みんなずっと同じ姿勢
でいることのつらさが
理解できているのかな

⑤訪問介護の介護福祉士

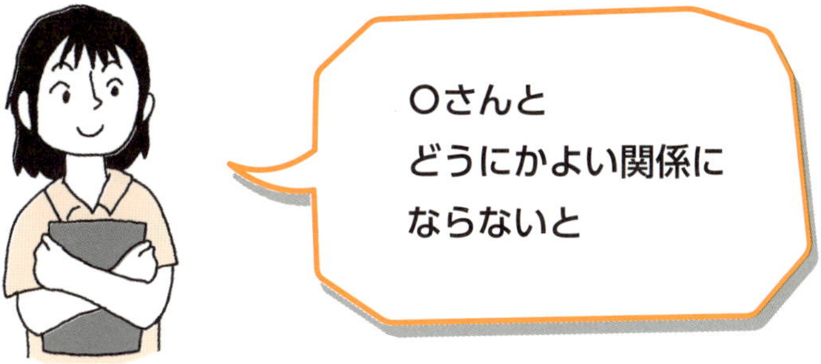
Oさんと
どうにかよい関係に
ならないと

Oさんのサービス担当者会議の場面

ケアマネ　今日は、家族介護者である奥さんのレスパイトを考えながら、今後どのようにOさんの生活支援を進めていくか、決めていきたいと思います。
では、日頃の様子を訪問介護さんから説明していただきたいと思います。

訪問介護の介護福祉士　はい。Oさんの日頃の様子ですが、訪問介護とはあまり関係が構築されてないのではと思っています。意思疎通がうまくいかず、よいケアができていない現状です。
というのも、コミュニケーションツールとしてパソコンを使われるのですけれども、からだを1cm左に動かしてほしいとか、枕をずらしてほしいとか、ちゃんとやってほしいとか、厳しい言葉で細かな要望を出されるので、そのように思われないよう、どうしたらよいケアができるかなと考えています。
日頃の介護の状況ですが、特に、奥さんのことが気になります。

ケアマネ　奥様のことが気になっているというのは、具体的にはどんなことが気になっていますか。

訪問介護の介護福祉士　奥さんは最近、夜寝ることができないとおっしゃっていますので、どうしてか伺うと、夜間の喀痰吸引の頻度が多いからで、そのような日は眠ることができないとのことでした。

ケアマネ　ありがとうございます。Oさんから厳しい言葉をかけられて、訪問介護さんのほうも大変でしょう。

訪問介護の介護福祉士　何か言われるんじゃないかなと思って、ケアをするときにちょっと萎縮するときもあります。でも、Oさんが少しでも快適な生活を送れるように、関係を構築できたらいいなと、笑顔で対応させていただいています。

ケアマネ　ありがとうございます。同じく訪問看護師さんのほうで何か、ケアをしていて気になることはありますか。

訪問看護師　はい。バイタルは今のところ安定しています。吸引なんですけれども、スムーズにできないときもあります。
ちょっと、粘性が強かったり、乾燥していたら、できるだけ水分を提供したり、湿度などの環境を整えたり、そのあたりのことはご家族にお伝えしてご家族にもやってもらえればと思っています。
ただ、ご家族もかなり負担が大きくて、つらそうにされています。そのようななかで、どこまでお願いをしてよいのか、なかなか難しいものだなと思っています。

ケアマネ　ありがとうございます。日常生活の水分量については、訪問介護さんのお話も聞いてみたいと思います。

訪問介護の介護福祉士　毎日、定期的に水分を200〜250ml、時間内に摂取いただいています。食事の際には必ず、痰を少しでもサラサラにするためにも水分をとっていただいています。
散歩の支援の前はとってませんが、そのほかのときは規定の水分以上とっていると思います。今後はどれくらい水分量をとっておられるかを、奥さんに聞いて把握していきます。

ケアマネ　ありがとうございます。現状としては奥様がどのくらい摂取するようにしているか。その辺のところ、先生からお聞かせ願いたいと思うのですけれども、いかがでしょうか。

医師　２回ほど訪問させていただいて、水分量に関しては今のままでよいのかなと思います。痰吸引に関しても、私がフォローしていけば大丈夫と思います。夜間も、何かあったら呼ばれたときに行けばよいから、まあいいかと思います。

ALSの進行状態に関しても、現状は緩やかな進行、大きな問題はないと思います。夜間の喀痰吸引についても、トラブルのところだけ私がフォローすればよいと思いますので、問題ないですね。

ケアマネ　ありがとうございました。夜間、奥様の負担が大分増えてきているのだと思います。そのことについて、訪問看護師さんから見て、奥様が疲れてきているなと思うことが何かあったら教えていただきたいんですが。

訪問看護師　奥さんの疲労は、蓄積されていると感じることがあります。

以前お話しさせていただいたときに「私がいなければ夫は生きていけない」と言われてました。もともと責任感の強い方なのです。自分の時間もないような状況なので、少しでも休んでいただけないだろうかと感じています。

ケアマネ　ありがとうございます。レスパイトできない原因として、体位の変換などが大変なのかなと思うのですが、理学療法士さんから見たからだのことだとか、フォローしていて何かお気づきの点がありましたら、お願いします。

理学療法士　そうですね、Oさんは生活全般に介助が必要で、人工呼吸器を使用しています。

ほとんど筋力はないので、理学療法士としては安楽な姿勢、本人の苦痛がないという状況をつくっていただきたいと思います。そして何かあれば、私のほうに相談していただければと思います。

ケアマネ　ありがとうございます。理学療法士さんから見て、奥様の介助方法などについて、何かやりづらそうだとか、そういうところはありますか。

理学療法士　奥さんが担っている痰の吸引や排せつ介助、整容などの介助時のベッドの高さの調整や、体位変換などの方法の指導をケアマネさんや訪問する皆さんで、ご指導されるとよいと思います。移乗とか散歩の介助は専門職でやっていただいて、負担を軽減するように、サービスの調整をされるとよいと思います。

ケアマネ　ありがとうございました。先ほど訪問介護さんのほうで、Oさんとの関係がなかなかうまくとれてないとの話があったように、「からだを１cm動かしてくれ」とか、「枕を少しずらしてくれ」とかいう訴えはあるとは思うんですけれども、その辺のご本人様の要望にはどう応えていますか。

訪問介護の介護福祉士　必ずしも本人の訴えにすぐに対応できない場合もあります。でも、からだを動かすことのできないご本人の気持ちを考えて支援をしたいと思っています。

少しでも利用者さんの要望に応えられるように、常にメモをとっています。それから、うまくいったら、どういうところがうまくいったのか、支援中にちょっと注意されたのはどういうところだったのかというのを記録して、必ず後から確認するようにしています。

ただ、３時間以上の長時間の支援についてはヘルパーの人材確保が困難な状況があり、複数事業所による支援になってしまい、申し訳なく思っています。

ケアマネ　ありがとうございます。メモをとっていただきながら、ご本人を理解できるよう、いろいろ工夫はしていただいていますので、今後ともよろしくお願いします。

それから、奥様が情報共有できるような形で、奥様ともお話しながら支援を進めてまいります。ご本人様が安楽な姿勢をとれるよう、理学療法士さんのご協力もいただけるので、連絡しながらやっていけたらなと思いますけれども、それでよろしいですか。

訪問介護の介護福祉士　わかりました。今後とも記録を継続していきながら利用者さんの希望に応えられるように介護していきたいと思います。

ケアマネ　最後に先生にお聞きしたいんですけれども、このような方針でよろしいでしょうか。

医師　訪問看護師から私のほうに、痰の吸引の回数や夜間の吸引、あと、その先の考えるところも報告してもらえば、私のほうで早急に対応しますので、ケアマネさんと調整をして、やっていただけるのが一番よいのかと思います。

ケアマネ　先生、ありがとうございました。では時間になりましたので、これで本日の会議を終わりたいと思います。ありがとうございました。

Work

① この会議での訪問介護の介護福祉士で、よかったと思う発言はどれですか？

② 訪問介護の介護福祉士の言葉に『「からだを１cm左に動かしてほしい」とか、「枕をずらしてほしい」とか、「ちゃんとやってほしい」とか、厳しい言葉で細かな要望を出されるので、そのように思われないよう、どうしたらよいケアができるかなと考えています』とありました。このOさんの言葉を介護福祉士としてどのように受け止めますか？

解説

1 多くの知識が求められるALS

ALS（筋萎縮性側索硬化症）は国の難病に指定されている進行性の珍しい病気ですが、介護の場面では遭遇することの多い病気です。ALSそのものの知識はもちろんですが、筋力の低下等が進行すると、喀痰吸引や経管栄養、人工呼吸器の装着が必要になり、ケアにおいても介護福祉士として多くの医学的知識が必要です。

ALSの特徴は、筋力の低下です。呼吸もできなくなって、からだを自分で動かせなくなってしまいます。しかし、知識や感情はそのままです。

例えば、口腔内に痰が溜まってしまっても、自分で排出することができません。排出できないと呼吸が困難な状態となってしまいます。

気管切開をしたOさんは、思いもよらず、この病気を発症し、息ができなくなる恐怖を経験しています。そして現在も、24時間365日誰かがそばにいる必要があるのです。

2 本人の気持ちの汲み取りは十分であったか

気管切開をして人工呼吸器を装着したOさんは言葉を発することができなくなりました。ほとんどの筋力も低下して、からだの一部がかゆくても、かくこともできません。からだが痛くても動かすことができません。

Oさんは、一家の大黒柱として、一人でなんでも決め家族を引っ張ってきた人です。現在、意思表示は、コミュニケーションツールで発言します。それは、言葉をひらがなにして表現します。そのため、意思疎通は可能ですが、時間がかかったり、感情を表現しにくい状態です。

介護福祉士はその意思疎通の困難さを理解したうえでケアにあたる必要がありますが、事例では、本人の思いやからだの状況を理解することが十分ではなかったと考えられます。

多くの生活行為に困難さがあります。本人を理解することは難しいことですが、本人の気持ちを受け止める支援は介護の役割の一つです。

3 家族介護者のレスパイトの役割

介護者の介護負担を軽減する必要があります。介護福祉士は利用者の在宅での継続的な生活を支えるためにも、家族介護者のレスパイトを進めることは大切な役割です。

事例の場合、レスパイトのためのほかのサービスを検討することが必要です。このことを家族に代わって発信する必要があります。

また、介護者の状況を理解することが必要です。ストレスや心配事などを理解し、介護者側に立った介護状況を発信する役割もあります。

4 Oさんのケアチームで必要とされる介護福祉士の役割

この事例では訪問介護に様々な役割を求められます。複数事業所を利用しなければサービスが提供できない状況で、その役割を担うことになっています。ALSの方への訪問介護サービスは、サービス提供時間が長時間となる場合が多く、サービス内容も、神経質な対応の多い身体介護や、利用者の精神的な支援にまで及び、利用者のニーズに応えるには、訪問介護員側も精神的なストレスなどの負担が蓄積されます。そのため、複数の訪問介護事業所間の調整等、様々な検討が必要です。合わせて、多職種との連携も必要です。

これらは随時行うことが求められます。疾病事態が進行性であることと、痛みやADLの低下も顕著だからです。

本人の観察が常に必要であること、介護者のストレスも増大していくことなどを考え、観察力と情報交換・情報の整理の十分な時間と能力が必要です。

Work

① 訪問介護員が、日頃のケアの様子を報告しています。あなただったら、どのように報告しますか？

ケアマネ	では、日頃の様子を訪問介護さんから説明していただきたいと思います。
訪問介護	はい。Oさんの日頃の様子ですが、訪問介護とはあまり関係が構築されてないのではと思っています。意思疎通がうまくいかず、よいケアができていない現状です。 というのも、コミュニケーションツールとしてパソコンを使われるのですけれども、からだを1cm左に動かしてほしいとか、枕をずらしてほしいとか、ちゃんとやってほしいとか、厳しい言葉で細かな要望を出されるので、そのように思われないよう、どうしたらよいケアができるかなと考えています。
訪問介護の介護福祉士（あなた）	

次の設定でロールプレイをしてみましょう

①本人の思いの実現と妻の負担軽減を課題と考える
ケアマネジャー

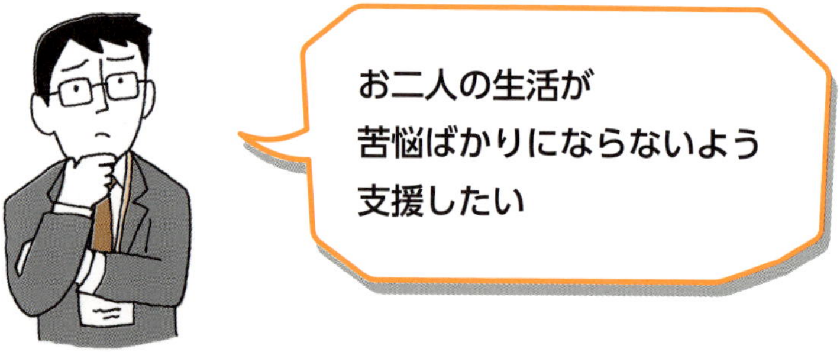
お二人の生活が
苦悩ばかりにならないよう
支援したい

②チームでケアを強化していかなければと考えている医師

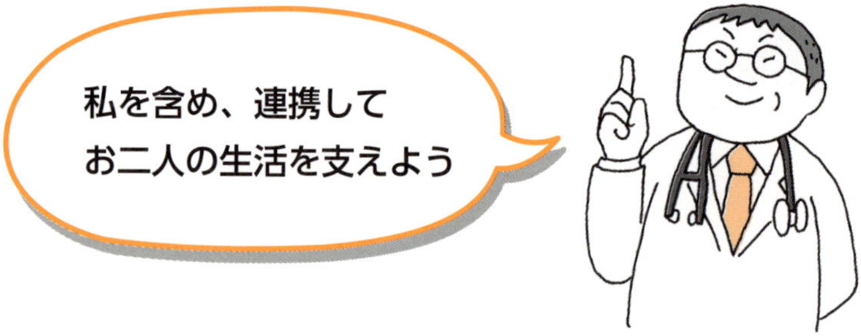
私を含め、連携して
お二人の生活を支えよう

③妻の相談援助が役割だと思っている看護師

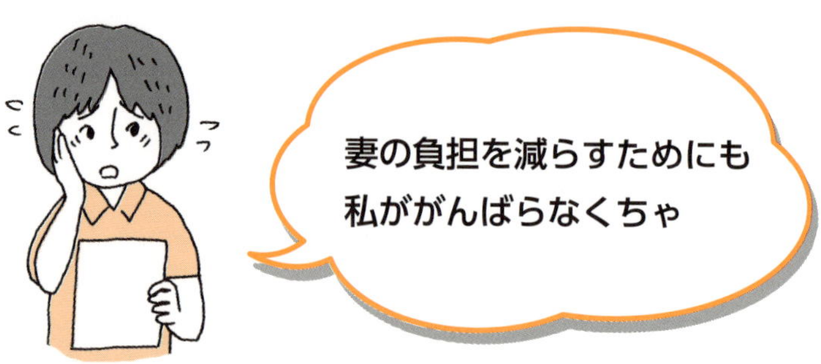
妻の負担を減らすためにも
私ががんばらなくちゃ

④多職種に安楽な姿勢保持の仕方を伝えたい
理学療法士

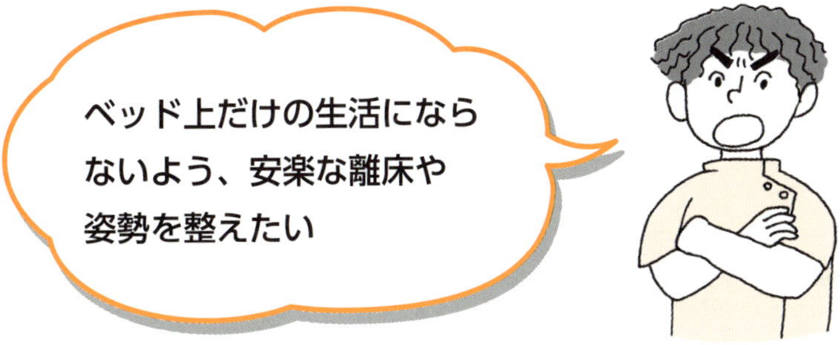
ベッド上だけの生活にならないよう、安楽な離床や姿勢を整えたい

⑤訪問介護の介護福祉士

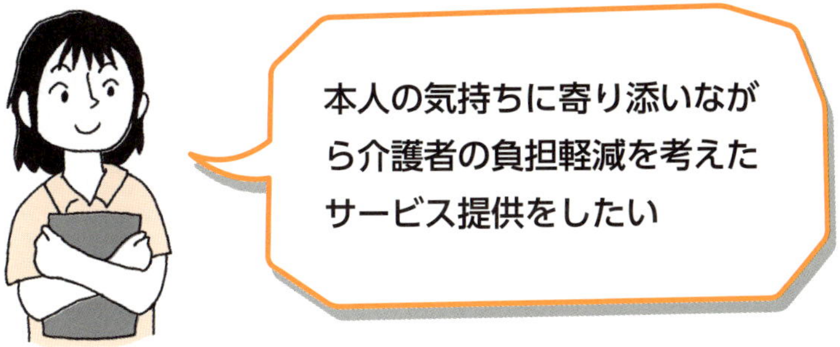
本人の気持ちに寄り添いながら介護者の負担軽減を考えたサービス提供をしたい

事例4

認知症で一人暮らしのHさんの事例

Hさんの事例の概要

Hさん（女性・85歳）

- 要介護度：要介護２
- 障害高齢者自立度：J2
- 認知症高齢者自立度：Ⅱb
- 家族構成（介護者）：一人暮らし
- 疾病：アルツハイマー型認知症・糖尿病
- 服用薬：アリセプト・オイグルコン

利用中のサービス	頻度・内容
①通所介護（デイサービス）	週２回
②訪問介護	通所介護以外の曜日に週２回 服薬確認、掃除・洗濯など
③訪問看護	週１回
④配食サービス	通所介護以外の曜日の昼食

ADL：

- 排せつは自分でできるが、尿臭がすることが増えている
- 家で入浴しているというが、入った様子はない

IADL：

- 調理はできなくなっている
- 近くでお惣菜を買ってきたり、近所の定食屋で食べている

・事業所で入浴できるときもある
・洗身は概ね自立
・歩行は自立しており、歩くスピードは速い

・昼食は配食の弁当または事業所の食事を利用している
・服薬管理は、短期記憶障害が顕著のため通所介護事業所、訪問介護等で行っている

●これまでの生活歴：
結婚歴はなし。子供のころから現在の家に暮らしている。
30年以上前に両親が相次ぎ亡くなった。それからは、一人暮らし。親戚との付き合いはない。
60歳代から、町内の役割として、朝に交差点に立ち、小学生の登校安全を見守る係を担ってきた。毎日欠かさず交差点に立ち、子供たちからも信頼を得ていた。
しかし、ある時から日曜、祝日も交差点に立つようになり、医療機関を受診。アルツハイマー型認知症と診断を受けた。
３年前に、２日ほど交通安全の見守りをしていた交差点に姿を見せなかったため近隣住民が心配し自宅を訪ねたところ、居間で倒れているＨさんを発見。救急搬送され脱水症と判明、糖尿病の悪化も明らかになった。この出来事を契機に、介護保険サービスの利用が始まった。

●現在の生活・課題：
現在も、交通安全の見守りは自分で出かけて行っている。「からだが動く限り、この町内で子供の顔を見ながら暮らしたいの」と口癖のように言っている。
通所介護事業所は、自宅から200mほどの距離で、近くのサロンに行くようなつもりで通っている。
職員が自宅に行って声をかけると、一人で事業所まで歩いてくることができ、昼食は事業所でとる。時々、尿臭がするが入浴を嫌がり、着替えられないことが多い。
日中は、家にいると居眠りをしていることが多いようである。
最近、夜にいつものように定食屋で食事をした後、一人で自宅に戻れなくなり、迷っているところを近隣の住民に助けられたことがあった。関係者は今後も一人で出かけて迷うことが増えていくのではないかと危惧している。

Hさんを支援する人々

①血糖コントロールが課題だと感じている訪問看護師

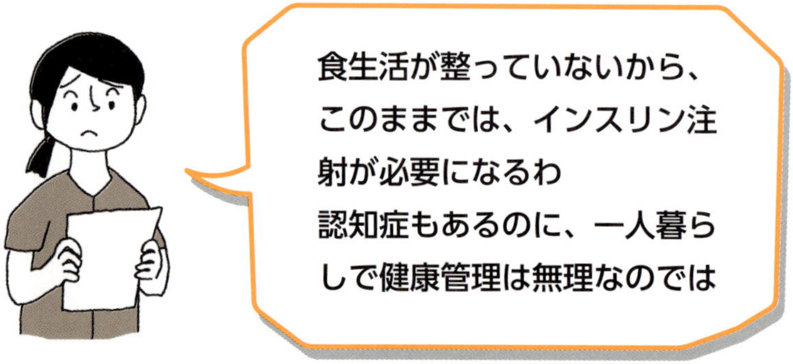
食生活が整っていないから、このままでは、インスリン注射が必要になるわ
認知症もあるのに、一人暮らしで健康管理は無理なのでは

②タンスに入れられた汚れた下着を片づけるのを大変だと思っている訪問介護の介護職

訪問の度に洗濯をしているけど、汚れた下着がいつもいっぱい
いたちごっこのようだわ

③直接配達できなくて困っている配食サービス

お弁当届けても留守のことが多くて困るんだよな

④通所介護の介護福祉士

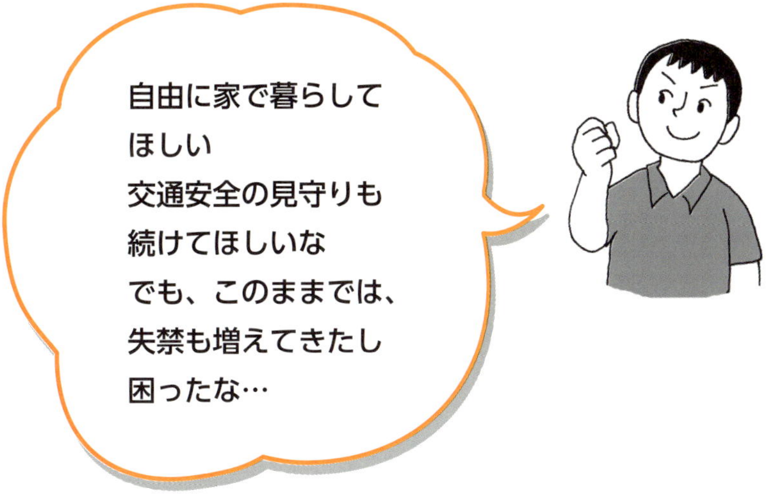
自由に家で暮らしてほしい
交通安全の見守りも続けてほしいな
でも、このままでは、失禁も増えてきたし困ったな…

Ｈさんのケアカンファレンスの場面

通所介護の介護福祉士　本日、ケアマネジャーさんはいらっしゃいませんが、タイミングよく関係者が集まることができましたので、皆さんに時間をとっていただきました。デイサービス利用時以外のＨさんの様子について教えていただきたいと思います。
Ｈさんはデイサービスを週２回、利用されています。ご近所の方とも道で出会うと話していますし、いろいろな地域の活動には参加されているようです。デイサービスでも、入浴以外は特に大きな問題はありません。
入浴ですが、デイサービスでお誘いしても、何とか１か月に１回しか入れない状況です。ただし、最近は排せつの支援の必要性が増してきたと感じます。尿臭が強く、以前より排せつの失敗が増えているように思われます。
そのため、皆さまがたにも、在宅生活がどういう感じなのかということをお聞きし、今後の支援の方向性を検討したいのでお集まりいただきました。
まずは、訪問看護師さんからお願いいたします。

訪問看護師　今、Ｈさんは、配食サービス以外にもお好きなものを召し上がっていますが、主治医は最近の検査結果から、糖尿病が悪化してきているのではないかと推測しています。今は内服薬で対応しています。内服薬の間は、まだ何とかなると考えられますが、先々インスリンの注射が必要になり、認知症が進行すると、サポートがとても難しくなると思います。
デイサービスに通われているのと、配食サービスを利用されているので、お昼の食生活はバランスのよいものだと思いますけれども、ほかの時間の食事は何をどれだけ食べているのか…。そういうところを皆さんと一緒に検討したいと思います。

通所介護の介護福祉士	訪問介護では気になることはありますか。
訪問介護の介護職	訪問介護では、主に掃除と洗濯の目的で訪問をしていますが、食事の件に関しては、最近では冷蔵庫の中に賞味期限切れのコンビニ弁当が複数入っていたということがありました。
通所介護の介護福祉士	それ以外にも、地域の方々からの情報として、お一人で夜、食事に出かけられて、自宅に戻れなくなることがあるようなんですけれども、その辺の情報はありますか。
配食サービス担当者	私どもの配食サービスでは、お弁当を届けられないで困っていることがあります。温かいものを召し上がっていただきたくて、時間に合わせて、Hさんのお宅にお届けするようにしているんですけど、出かけられていて、いないことがあります。鍵がかかっているんですね。配食の届く時間に合わせてヘルパーさんが入ってくれないかなど、ちょっと期待しています。
通所介護の介護福祉士	食事時間に届けても、あまりご自宅にいらっしゃらないということですね…。訪問介護さんにお聞きしたいのですが、Hさんは時間どおり食事をとられていますか。
訪問介護の介護職	そうですね。食事はとれていると思います。ただ、最近、調理はできなくなってきているみたいです。そのことに気づきだしたのは、お惣菜やコンビニのお弁当の空き容器が捨ててあって…。たぶん住み慣れている所なので、近くの知っているお店に行って、お惣菜を買ってきたりされているのだろうなと思っています。
通所介護の介護福祉士	配食サービスの時間にお弁当を届けても、留守のために受

	け取っていません。訪問介護さんの話では、ほかのお店のお惣菜などを食べているようですね。規則正しい食生活ができないということですね。
訪問看護師	これだけ不規則な食生活を送っているとなると、ますます糖尿病の悪化が予測されます。食生活の管理をする必要があると思いますね。
通所介護の介護福祉士	今の皆さんのお話では、おそらくHさんは、ご自宅での生活について、いろいろな場面で困っているんじゃないかと思います。今後の心配やサービス内容の変更などについて考えられることはありますか。
配食サービス担当者	私たちは配食サービスですから、お届けしている間、ちょっとした見守りだったら協力できます。それから、違う所にいたときには声をかけるとか、そういうことは協力できます。
通所介護の介護福祉士	配食のとき、地域の方々の情報を活用することがありますね。Hさんは、いつも「この家でずっと暮らしたい」ということを一番の希望として口癖のようにいわれています。なので、それに向けて、ほかにどういった工夫ができますか。
訪問介護の介護職	そうですね、ご本人とお話をして、昨日はどこにいたとか、今日はどうするなんていうことで、会話のなかから普段の過ごし方を情報収集できるかなと思いますね。
通所介護の介護福祉士	デイサービスでも利用時間中にどのように過ごしておられるか、お迎えに行ったときに、ご自宅の近くに出かけられていないかなど気にかけて、皆さんとHさんの居場所確認をしていくことができるのではないかと思います。
配食サービス担当者	配食のお弁当はカロリーを調整した献立とか、嗜好調査をして、お好きなものを入れるなど、そういう工夫はできると思います。

通所介護の介護福祉士　訪問看護も一緒に、ご本人への血糖値コントロールの指導内容や望ましい食生活などについて、私たちに教えていただくことはできますか。

訪問看護師　それは大丈夫だと思います。訪問看護としては、先生のご意見なども聞けるので、皆さんにお伝えして、支援につなげていきたいと思います。私は訪問看護のところで止めないようにしたいと思います。

通所介護の介護福祉士　そうですね。ある程度血糖コントロールができなければ、ご本人の地域で暮らしたいという思いもかなわなくなりますから。担当のケアマネジャーさんに情報をつないで、ご本人の暮らし方、外食している時の食事の内容など、みんなで共有できるとサポートしやすいですね。

それから、排せつの部分ですけども、たぶん使ってないと思うんですけれども、リハビリパンツの使用とか、ご自分で取り換えられるかどうかを確認して、訪問介護さんとなるべく同じようなかかわりができるように、そのこともケアマネジャーに提案したほうがよいですかね。

訪問介護の介護職　訪問介護は週２回入っておりますけれども、お掃除をするときに、Ｈさんのタンスの中から、汚れた下着が出てきたり、ちょっと尿臭がしてきたり、お風呂もおうちで入っているとおっしゃってはいるんですが、どうも、浴室はきれいで入っていない感じがします。

通所介護の介護福祉士　デイサービスでは、なかなか入浴はしていただけないので、なるべくお風呂に入っていただけるようにはたらきかけていきます。着替えの工夫など、引き続き情報交換していただけると助かります。

一同　（うなずく）

通所介護の介護福祉士　それから、ご本人が今いちばん張り合いにしている交通安全の見守りなんですけれど、それが継続できるように、皆さんで応援していくのはどうでしょうか。Ｈさんのふだんの様子も皆さんで見守ることができたりもしますからね。

訪問介護の介護職　民生委員さんの力を借りるとか、近所の方にもお願いすれば。逆に交通安全の見守りは、ご本人が生きがいとしてやっているので、そこはできるような感じでお願いして、周りがちょっと見守るような体制で、サポートするという方向にもっていくこともできるかなと思います。
あと一人で出かけてしまうこともあるということについては、近所の方にも、お話して、もし迷ったら話してもらえるような目線もできればいいと思います。

通所介護の介護福祉士　定食屋さんにも一応、言っておきますか。

訪問介護の介護職　そうですね。夜いつものように通われているようですからね。その後、自宅に戻れないというお話も伺っているので。

配食サービス担当者　Ｈさんはどんなご飯が好きなんでしょう。

通所介護の介護福祉士　あんまり食事しているところを見ていなかったんで、ふだんどういった食事が好きなのか…。そういったことは訪問介護さんと協力して、把握できるようにしたほうがよいですね。

配食サービス担当者　できたら、お弁当が届く時間に訪問介護さんがいると、こちらが助かるんですけれど。
例えば保冷箱みたいのを置いてきてよいものか、でも安否確認も兼ねてご利用されているもので、その辺も気になるところです。

通所介護の介護福祉士　その点については、ケアマネジャーさんとも相談する必要がありますね。今、話した感じですと、これからも、私たちの情報共有がうまくできれば、ご本人の生活が大きく変わることなく、支援できるのではないかという印象をもちました。
デイサービスに来られたときの課題についても、これからもご意見をいただけそうですし。
その点についても、ケアマネジャーさんに伝えておきます。ありがとうございました。

Work

① 介護福祉士は一人暮らし高齢者の暮らしへの思いと、リスクをどのように捉えるべきでしょうか？

② 介護福祉士として、利用者の行動の意味を多職種で共有するために、どのようなはたらきかけが可能だったでしょうか？

解説

1 利用者の行動の本人にとっての意味を考える

介護福祉士は、Hさんが「交通安全の見守り」をしていることや「定食屋に通い続けていること」について、Hさんにとってどのような意味があるのかを考え伝える必要があります。

このロールプレイでは、十分にHさんの行動の意味を多職種で共有できていませんでした。

2 課題の優先順位を共有する

訪問看護師は、現在の状況では血糖コントロール不良により、Hさんの一人暮らしができなくなることを危惧しています。介護福祉士はその意見を聞き、Hさんの生活支援に活かしていく必要があります。

一人暮らし高齢者が生活を継続するうえで、介護福祉士は生活課題の優先順位を明らかにし、多職種で共有することが求められています。そのときに健康状態に着目したり、このままの状態が続くと起こりうる課題と、利用者の暮らしや人生への望みを推しはかり優先順位を共有することが重要です。ロールプレイでは、何を優先すべきかについて十分な論議ができていませんでした。

3 介護福祉士が主役となって進める多職種連携

今回のロールプレイではケアマネジャーが不在のなかで行われました。必ずしもケアマネジャーが招集するサービス担当者会議だけが、多職種連携の場ではありません。

実際に、施設内のミーティングや、同一法人内の複数事業所の話し合いでは、今回のロールプレイのような場面は多数あり、介護福祉士が多職種連携の担い手になることがあります。

多職種連携は、チームの構成員全員で取り組むことが求められます。介護福祉士は暮らしや人生の継続という視点で、その連携の要になることが大切です。

Work

① あなたなら、次の場面でどのように発言をしますか？　解説の内容を踏まえ、考えてみましょう。

訪問看護師　これだけ不規則な食生活を送っているとなると、ますます糖尿病の悪化が予測されます。食生活の管理をする必要があると思いますね。

介護福祉士（あなた）

次の設定でロールプレイをしてみましょう

①認知症高齢者の在宅生活は難しいと考える訪問看護師

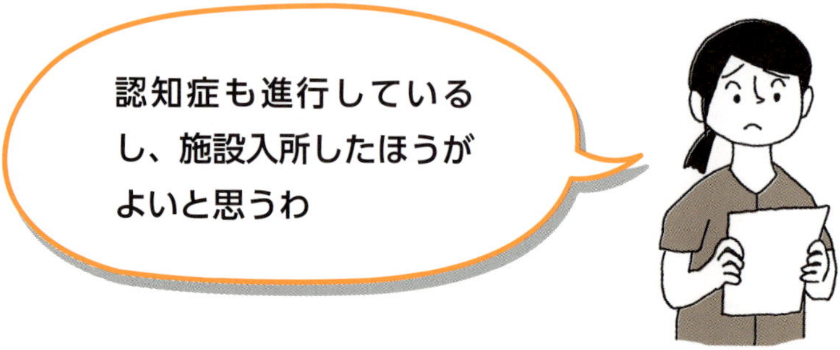
認知症も進行しているし、施設入所したほうがよいと思うわ

②決められたサービス内容（掃除、洗濯）をまじめに実施する訪問介護の介護職

冷蔵庫の中に、古いお惣菜が残っていることが増えていて気になるんだけど…

③契約だから仕方なく留守でもお弁当を届けている
配食サービス

一人で定食屋にも行けるのに、本当にお弁当を届ける必要があるのかな

④通所介護の介護福祉士

送迎時に、いつもHさんの様子を伝えてくれる隣の○○さん、相談すれば、もう少し協力してくれそうだけどな

事例5

一人暮らしをするAさんの事例

Aさんの事例の概要

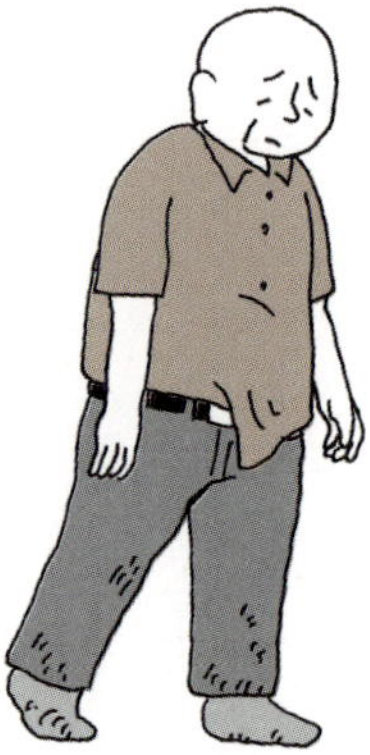

Aさん（男性・70歳）

●要介護度：要介護2

●障害高齢者自立度：J2

●認知症高齢者自立度：Ⅱb

●疾病：
糖尿病・認知症・陳旧性脳梗塞

●服用薬：
処方なし

●家族構成（介護者）：
一人暮らしである。妻は20年前病死。娘が2人。長女は徒歩で10分くらいのところに住んでおり、次女は電車で1時間程度のところに住んでいる。

●利用中のサービス …………… 頻度・内容
①通所介護（デイサービス） … 週3回
②訪問介護 ……………………… 週2回

●ADL：
・右上下肢に軽い不全麻痺
・右手の巧緻性が低下
・右足を引きずって歩いている

●IADL：
・電話の利用ができる
・近所のATMまで行きお金の引き出しができる
・たまにスーパーまで行き買い物をする

●これまでの生活歴：

50歳くらいのとき糖尿病と診断。治療には積極的ではなかった。
脳梗塞はいつの時点で発症したのか不明で、長女もわからないという。
本人は脳梗塞を起こしたことも覚えてはおらず、病識もない。長女も知らないという。
以前は一人で食事もつくっていて、娘にとってまったく手のかからない父親だった。ここ２、３年は歩行速度は遅いものの買い物にも行っていた。その際、刺身を主に購入するとともに、アイスクリームを大量に購入し、１日10個くらい食べるときもあった。そのためか体重は75kgを超えていた。

●現在の生活・課題：

介護サービスを利用するようになったここ２年で、ますます歩行速度が落ち、歩行距離も短くなってしまった。食事もまったくつくらなくなり、長女の差し入れる食事や何とかスーパーまで行き、買ってきたものを食べている。
長女はＡさんが自分の家に誇りや愛着があるのを感じて、近所に住むようになった。「自分が様子を見て、食事などもサポートする」と言うものの、仕事もあり自分と家族の生活しかみられない状態である。次女は大学も出て優秀だった父のあまりにも変わってしまった姿に耐えられないとまったくかかわらない。

デイサービスには毎回来るものの、「疲れるからいやだ」と体操等には参加せず、いすに座っていることが多い。訪問介護員に対しては非協力的で、怒ることもある。
本人がやる気がないのか、衣類の清潔も行き届かず上着やズボンも非常に汚れたものを着ている。家の中も片づいておらず、長女の持ってきた食べ物がずっとテーブルに出ているときもある。体重は68kgになってはいるが、様々なことに対しての意欲も減少している。

Aさんを支援する人々

①早く施設を使えばよいと思っている医師

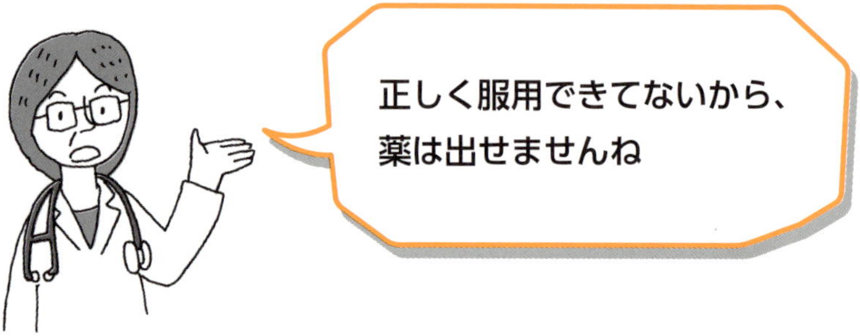
正しく服用できてないから、
薬は出せませんね

②優柔不断で誰の意見でもうなずくケアマネジャー

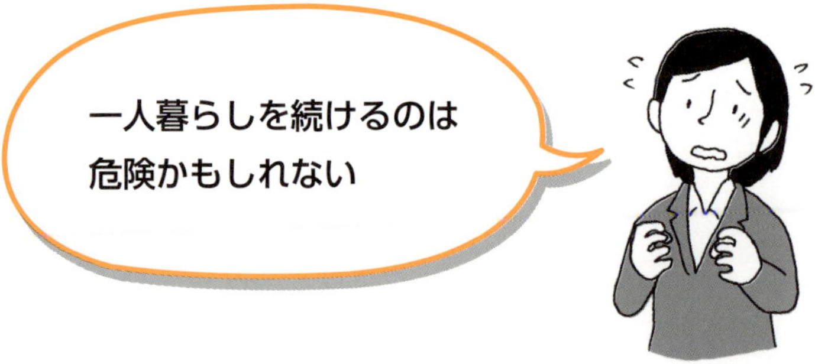
一人暮らしを続けるのは
危険かもしれない

③いろいろ心配しているが、結局何もしていない通所介護の介護職

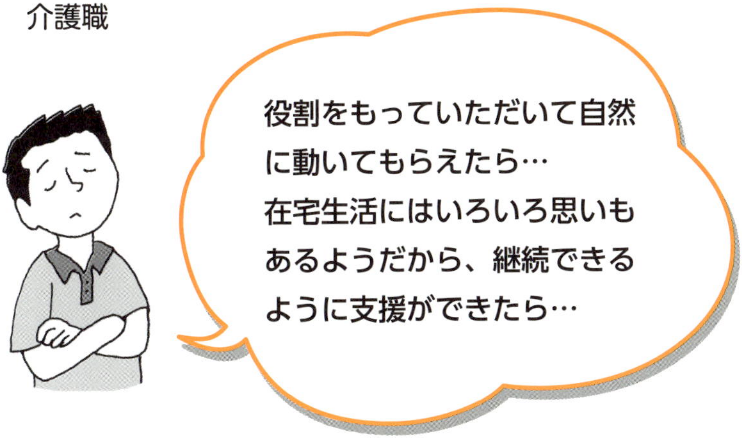
役割をもっていただいて自然に動いてもらえたら…
在宅生活にはいろいろ思いもあるようだから、継続できるように支援ができたら…

④在宅で支えるのは否定的な通所介護の看護師

糖尿病なのに、こんな食生活は危険だよ

⑤訪問介護の介護福祉士

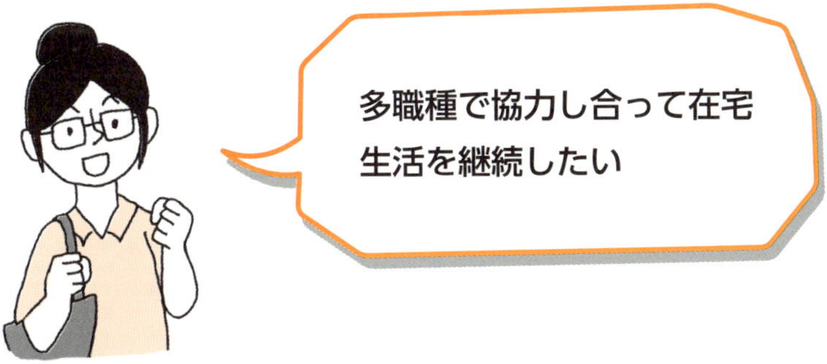
多職種で協力し合って在宅生活を継続したい

Ａさんのサービス担当者会議の場面

ケアマネ　本日はお忙しいなか、Ａさんのサービス担当者会議に集まっていただきまして、本当にありがとうございます。
訪問介護さんから、Ａさんの生活状況がこのままで大丈夫なのかと、連絡がありました。そこで、今日はあえてＡさんやご家族には来ていただかず、サービスを提供している私たちが集まって、Ａさんの情報を共有しながら今後の方向性について考えていきたいと思っております。どうか、よろしくお願いいたします。
それでは、Ａさんの最近の状況、サポートが必要な様子などについて教えてください。看護師さんからよろしいでしょうか。

通所介護の看護師　Ａさんは一時は食べ過ぎの状態のことがあり、75kgまで体重が増えましたが、最近は５kgぐらい体重が減っています。お薬も出ておらず、病識も少し薄れています。そのため、そこの管理が非常に難しいです。

ケアマネ　今、病気についての管理が難しいという意見がありましたが、先生、いかがでしょうか。

医師　そうですね。診療はしているんですけれども、本人の認識があいまいで、薬もちゃんと服用できてないので、そこは問題がありますね。

ケアマネ　糖尿病に関する治療が必要なんですが、ご本人の管理が難しく、投薬ができていない状況にある、ということですね。

医師　薬がこれだけ残っていますから、本人が飲めていないことは明らかですよ。こちらとしては、ほかのサービスで服薬管理を補ってもらえたらよいと思いますが。

ケアマネ　そうですよね。先生、本当にそう思います。すみません、不十分で申し訳ありません。

通所介護の看護師　生活の部分は、通ったり、訪問したりというところで、ある程度支えられるのかもしれません。家庭のなかの環境は整えられているかと思います。
でも、からだがしっかり治って整わないと、その生活も非常に厳しくなるんじゃないかなと思います。
Ａさんは70歳で、まだまだお若いですので、先生のおっしゃるとおり病気の治療ができない状況のまま、こうやってご自宅に住まわれるというのは、どうなのかなと思うんですね。
糖尿病をもっている方は、薬の管理ですとか、あるいは食事の管理ですとか、管理をする部分が多いのに、その管理ができない状況をこのまま続けてよいのだろうかというのも、医療的な面からいうことができます。
糖尿病の場合、食べて高血糖になったり、食べなくて低血糖になったりということもあります。あるいは、以前、脳梗塞の既往もありますので、暑いなかで水分がとれないと、いろいろな合併症が出たりとか、脳梗塞の再発だとかということも予測されるんじゃないかなと思いますが。

ケアマネ　先生、今の看護師さんの発言に対して、いかがですか。

医師　検査の結果にもよりますが、今言った懸念はあると思います。
しかし、在宅にしろ何にしろ、Ａさんがどういうふうに生活していきたいのかということをみんなで考えてもらって、在宅なら在宅なりに薬を出していくというふうにしないと。
それがちゃんとできるのであれば、それも考えてはみますけど、そこはご家族や、ほかの皆さんのサービス次第ではないかなと思いますね。

ケアマネ　今先生がおっしゃったように病状管理のサポートがきちんとできてさえいれば、ご自宅で生活できるかもしれません。でも、今はそれができていないのが現実ではないかという看護師さんのお話、それから先生のお話がありました。

Ａさんの健康管理を今のサポートの体制のなかで整えていくとすれば、優先順位が高いのは服薬の管理でしょうか。

医師　お薬は出していますよ。飲まれているかどうか、在宅系サービスの方はどのぐらい確認していますか。

ケアマネ　どうですか、介護福祉士さん。

訪問介護の介護福祉士　内服薬ですが、飲まれていたり、飲まれていなかったりという状況です。残薬はかなりの数、確認できます。

Ａさんと合わないヘルパーが訪問すると、ちょっと怒りっぽく、非協力的になることがあるようです。怒ってしまうと飲んでいただけないので、薬が残ってしまう。信頼関係があるヘルパーが介入した場合には飲んでいただけるのですが…。

医師　訪問介護さんのほうで、いろいろな方法で服薬管理ができたとしても、在宅でいるかぎりはサービスの提供は途切れ途切れになってしまいますよね。それならば、Ａさんには、例えば介護施設に入ってもらって、整った環境のなかで服薬の管理ができれば、スタッフとの信頼関係も深まって、治療が促されるんじゃないかと思うんです。このまま在宅生活を続けていくよりも、施設に入所されて、今後の生活を整えられるということも考えていいんじゃないかと思いますね。

訪問介護の介護福祉士　Ａさんも、ご家族も、今住んでいる家で暮らしていきたいと強く望まれています。そこで訪問介護としては、その意思をサポートさせていただきたいと思っています。

ケアマネ　服薬カレンダーをつくって、通所介護のお迎えのときに前夜の薬が飲まれているか確認する。そして、通所介護の帰りにも薬を飲んだか確認する。通所介護に行っていないときは、訪問介護さんが訪問したときに服薬状況を確認するというふうにして、全職種で協力しながらＡさんの服薬がきちんとなされるように取り組んではどうかと思いますがいかがでしょうか。

訪問介護の介護福祉士　そのように服薬の管理をすることはできると思います。

今までどおり連絡ノートを活用して、水分量や食事量などを一緒に管理させていただいて、お互いに情報共有していくことができます。

ご家族とは、ケアマネさんと我々のほうでも情報を共有したうえで、まとめさせていただきたいと思いますがよろしいでしょうか。

ただ、先ほど申したように、課題としてちょっと怒りっぽく、非協力的になるところがあげられます。そうなると、お薬についても拒否されるということがしばしばございます。そこをどうにかすれば、その服薬管理もできるようになるかと思うのですが。

ケアマネ　今、介護福祉士さんから、特定のヘルパーさんとうまく関係がつくれていないところがあるので、そのヘルパーさんとちゃんと信頼関係がつくれれば、怒りっぽさはなくなるんじゃないかという意見が出されました。

ちなみに、通所介護では、Ａさんとほかの人たちとの交流みたいなところはどうか、教えてください。

通所介護の介護職　例えば体操にもお誘いはするんですが、疲れるから嫌だとか、もともと積極的ではないところが見受けられます。ただ座っているだけというときもありますので、少しずつ動いてもらえれば、ほかの方とのかかわりもできるんじゃないかなと考えています。

ケアマネ　怒る場面というのはありますか。

通所介護の介護職　それはあまり見かけないですね。ご自分からかかわろうとされていないところがあるのかなとは思いますが。

ケアマネ　協力しないというだけじゃなくて、拒否というふうな強い態度を示されたりしますか。

通所介護の介護職　そこはないと思います。準備とか片づけとかをお願いすれば、していただけますので。ご自宅でのご様子とはちょっと違うかなと思っていたところです。

訪問介護の介護福祉士　怒るところがある一方で、信頼関係ができているヘルパーに対しては「ありがとう」とか、協力的な言動もみられます。

訪問介護としては、Ａさんと訪問するヘルパーとの関係性を見極めつつ、Ａさんが暮らしやすいように、食事、掃除、洗濯といった在宅支援を進めていきたいと思っております。

ケアマネ　ありがとうございます。服薬管理ばかりお話してしまいましたが、それ以外に気になる点などございますか。

訪問介護の介護福祉士　はい。最近のＡさんですが、同じ洋服を着回ししていたり、洗濯したものが床に散らばっているという状況があるようです。私たちはＡさんのご意向を伺いながら洗濯をしたり、本人がわかるようにタンスにしまったりしています。

食事は、ここ最近、娘さんが提供していますが、食べた後のものがテーブルの上に出しっ放しのときがあります。娘さんにいつつくったのかを確認して、時間が経ってしまった食事はご本人の意向も伺ってから処分することもあります。

ケアマネ　ありがとうございます。次に通所介護の介護職さん、お願いしていいですか。

通所介護の介護職　Aさんは休まずにご利用していただいています。でも、どうしても面倒くさいと思ってしまわれるのか、体操など、ほかの利用者さんとかかわるアクティビティなどは苦手であるようです。

動かれないと筋力が低下してしまうのではないかと、ほかの職員からも意見がでています。Aさんの性格を考えるとなかなか難しいのではと思い、心配しています。しかし、私たちも積極的に対応できていないというのが現状です。

ケアマネ　ありがとうございました。ご自宅では食事が出しっ放しであることや、洗濯物が散らばっていることがあると。通所介護でも、ちょっと元気がなくて意欲が低下している様子だということですね。

こうしてみると、ご家族の協力もちょっと薄い気がします。食事の出しっ放しという話が訪問介護さんからもありましたけれど、そういうところをどうしていったらいいんでしょうね。

私たちのサポートによって健康管理がきちんとできれば、在宅の継続は可能ではないか。反対にいうと、それができなければ施設に移ってもらうというイメージでしょうか。二者択一の感じでしょうかね。

医師　今おっしゃったように、健康管理ですね。すでに申し上げましたが、施設という整った環境で服薬の管理ができれば、治療が促されてよいと思いますよ。

ケアマネ　ありがとうございました。みなさんから、ほかにご意見や補足はないですか。健康管理がきちんとサポートできるような体制づくりを試みて、それでも難しい状況であれば、もう一度、会議を開催して、先生や看護師さんのご意見を改めて伺いながら、施設への移行も視野に入れる。
ただ、食事をつくったり、冷蔵庫の中のものも管理したりするというような、食べ物に関するサポートをもう少し介護福祉士さんに考えていただく必要はあるでしょう。
それでは、今決まったことをサービス担当者会議録および居宅サービス計画に落として、皆さんにお送りしたいと思いますので、事業所内で共有していただきたいと思います。よろしくお願いします。
以上で会議を終了します。どうもありがとうございました。

Work

① 介護福祉士の発言のなかで、よくなかったと思う内容はどれですか？　その理由についても考えてみましょう。

② 会議のなかで医師や看護師の施設入所の考えを変えてもらうために、介護福祉士はどのようなかかわりや発言ができるでしょうか？

解説

1 訪問介護の介護福祉士の役割

●Ａさんの気持ちを理解し、伝えることができた

Ａさんの会議の場面では、Ａさんが「自宅で暮らしたい」と考えていることをほかの職種に伝えられたのはよいことでした。

自宅でＡさんや家族と接することが多い訪問介護員は、多職種のなかでＡさんや家族の気持ちなどの情報を一番集めることができる存在です。そのため、訪問介護員はこの会議で利用者の希望を多職種のなかでもっとも理解し、伝える役割を担っていたといえます。

これは訪問介護だけでなく、介護福祉士であればもっとも必要な価値です。

●介護福祉士としてどうすべきかを明らかにする

一方で、介護福祉士はただＡさんの希望を述べるのみで、医療職の提示する問題点の解決方法に終始していました。本来であればＡさんの在宅生活継続の希望をかなえるために、解決すべき課題を介護福祉士として整理して、対処法の話し合いができたらよかったでしょう。

この整理がつかないと、この会議のようにただ現状を伝えるだけに終わってしまったり、誰が何をやるのかあいまいなまま会議が進むことになりかねません。

2 介護福祉士としての予後予測の視点

●一人暮らし継続のための予後予測

介護職は、利用者の在宅生活を支えるうえで、特に食事、水分管理、服薬管理、転倒防止という観点から予後予測を行うことが必要

です。

会議では衣服の汚れ等も議題にあがっていましたが、認知症の利用者が一人暮らしを継続するために優先度が高いのは、食事や水分管理の観点です。

尊厳の維持のために、衣服の汚れ等の課題の解決も十分必要ですが、まずは生命にかかわるものや生活継続を阻害する課題のなかで優先度の高いものから解決をはかる必要があります。

生活継続という観点で優先順位を考え、会議で提起するのは介護福祉士の役割といえます。

●介護福祉士と医療職との予後予測の視点の違い

利用者の状態の予後予測は当然医療職も行います。しかし、それは当然医療的な視点であり、利用者の生活面まで含めた予後予測ではありません。例えば脱水の身体的な危険性についてはわかっても、それは利用者の希望である一人暮らし継続のために脱水をどう予防していくのか、という意味での予後予測ではありません。

医療面の予後予測は大変重要です。しかし、介護福祉士としては、利用者の希望、生活の継続といった視点も含めた予後予測をして、それを共有する必要があります。

●転倒防止を考える

Ａさんには年齢に加え、麻痺があるので、転倒の危険性は十分考えられます。一人暮らしのため、転倒は生活継続における最大のリスクです。

普段の介護では、歩行の様子をよく観察するとともに、会議では家の内外で転倒していないか、通所介護での歩行状態はどうかなどの情報収集をしましょう。

3 利用者の希望を会議に反映する

全体的にこのAさんの会議は、日々の生活部分や現在の事象が議論の中心となっていました。一方でAさんがどのように暮らしていきたいのか、どのような生活をしたいと思っているのか、何に生きがいや意欲を感じているのかなどは話題にされていませんでした。

Aさんがなぜ怒るのかということも、信頼関係だけに帰着させるのではなく、もっとその気持ちを考え、多職種と共有できるようにしたらよいのではないでしょうか。

Aさんのための会議なのに、Aさんの思いとは別のところで関係者の価値観で議論が進められたような印象が残りました。

そのうえで、介護福祉士として何が一番大切で、何ができたのかを考える必要があるでしょう。

Work

① あなたなら、次の場面でどのように発言しますか？
解説の内容を踏まえて考えてみましょう。

医師	訪問介護さんのほうで、いろいろな方法で服薬管理ができたとしても、在宅でいるかぎりはサービスの提供は途切れ途切れになってしまいますよね。それならば、Ａさんには、例えば介護施設に入ってもらって、整った環境のなかで服薬の管理ができれば、スタッフとの信頼関係も深まって、治療が促されるんじゃないかと思うんです。このまま在宅生活を続けていくよりも、施設に入所されて、今後の生活を整えられるということも考えていいんじゃないかと思いますね。
訪問介護の介護福祉士（あなた）	

次の設定でロールプレイをしてみましょう

①今のままならどちらでも対処は変わらないと思っている医師

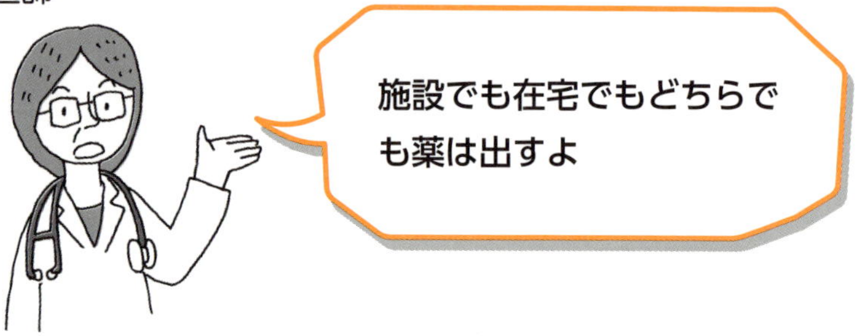
施設でも在宅でもどちらでも薬は出すよ

②医師の顔色を気にしているケアマネジャー

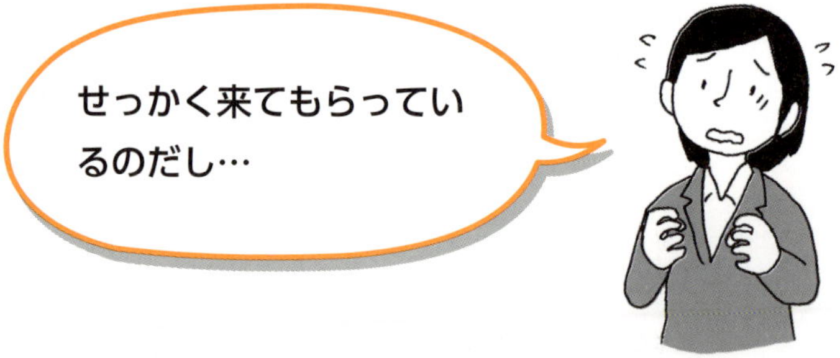
せっかく来てもらっているのだし…

③在宅で支えるのは否定的な通所介護の介護職

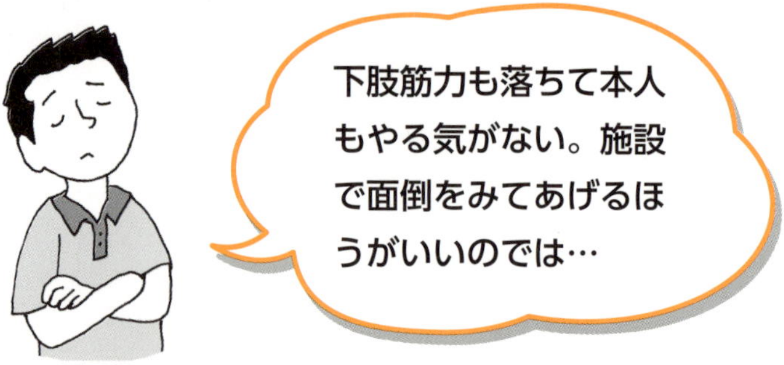
下肢筋力も落ちて本人もやる気がない。施設で面倒をみてあげるほうがいいのでは…

④いろいろ心配しているが、結局何もしていない
通所介護の看護職

在宅生活は継続させたい。ただ糖尿病の管理をどうにかしないと

⑤訪問介護の介護福祉士

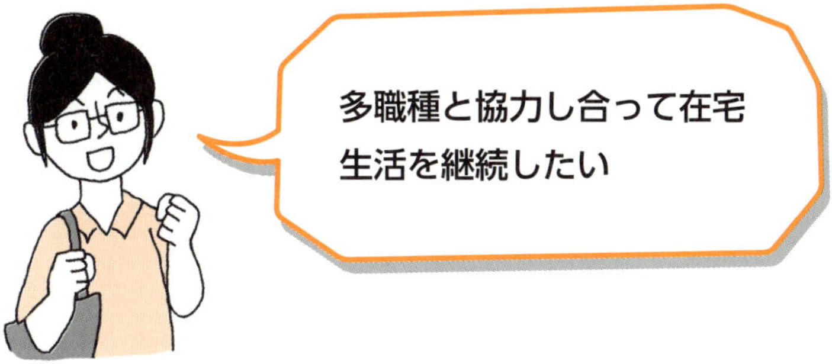
多職種と協力し合って在宅生活を継続したい

参考資料

1．公益社団法人日本介護福祉士会
生涯研修体系図（平成28年６月）

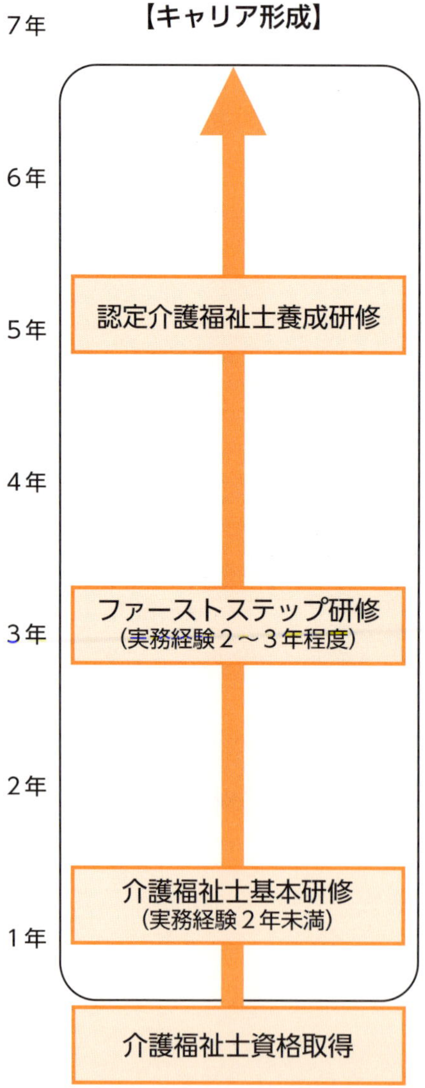

【継続的に学ぶ分野別研修】

専門分野別研修

★認知症専門研修

★障害者支援のための研修

●介護過程

●ICFの理解

★介護研究

●リスクマネジメント

●地域福祉

●生活支援に必要な基礎的な医学知識等

●介護技術・技法

【サポート・養成】

●再就職支援（潜在有資格者）

★任用

・サービス提供責任者

・実務者研修教員

・介護福祉士実習指導者

●指導者

・介護予防体操指導者

・リフトリーダー　など

★すでに実施している研修

●今後より専門的な内容を検討する研修

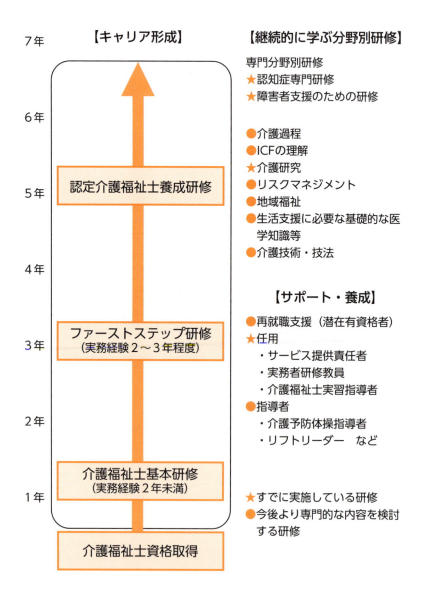

2．多職種連携に関する研修の実施例

多職種連携に関する研修は、介護福祉士会などで行われる研修のほか、法人内での研修や、仲間が集まって行う学習会としても実施することができます。

このような機会を通じ、様々な事例を用いて演習を行い、演習ごとに異なるいろいろなパターンを経験することで、介護福祉士として多職種連携能力のスキルをアップすることができるでしょう。

以下にお示しする研修の実施例を参考に、ぜひ実施していただきたいと考えます。

● プログラム例

①　７時間の場合（講義あり）

時間	プログラム
60分	（講義）①多職種連携を行うため、介護福祉士の役割、専門性を再確認する ②ほかの職種の理解、相手の専門性を引き出すこと ③知と実践の統合化
30分	演習の進め方に関する説明
90分	（演習）事例を用いた演習①（ロールプレイ、金魚鉢方式）
90分	（演習）事例を用いた演習②（ロールプレイ、金魚鉢方式）
90分	（演習）事例を用いた演習③（ロールプレイ、金魚鉢方式）
60分	（講義）総評、まとめ

② 4時間の場合（講義あり）

時間	プログラム
60分	（講義）①多職種連携を行うため、介護福祉士の役割、専門性を再確認する ②ほかの職種の理解、相手の専門性を引き出すこと ③知と実践の統合化
20分	演習の進め方に関する説明
80分	（演習）事例を用いた演習①（ロールプレイ、金魚鉢方式）
80分	（演習）事例を用いた演習②（ロールプレイ、金魚鉢方式）

③ 2時間30分の場合（講義あり）

時間	プログラム
40分	（講義）①多職種連携を行うため、介護福祉士の役割、専門性を再確認する ②ほかの職種の理解、相手の専門性を引き出すこと ③知と実践の統合化
20分	演習の進め方に関する説明
90分	（演習）事例を用いた演習①（ロールプレイ、金魚鉢方式）

④ 3時間の場合（講義部分をすでに習得済の場合、講義なし）

時間	プログラム
20分	演習の進め方に関する説明
80分	（演習）事例を用いた演習①（ロールプレイ、金魚鉢方式）
80分	（演習）事例を用いた演習②（ロールプレイ、金魚鉢方式）

● 研修参加者

・介護福祉士
・そのほか、医師、看護師、ケアマネジャー、社会福祉士等、演習で使用する事例にかかわっているほかの職種や、家族の協力を得て実施することも考えられます。

● 研修参加人数

10名程度の参加者が集まれば、５名のグループを２つ作り、ロールプレイで演者となる経験と、その様子を金魚鉢方式で客観的に観察する経験の両方を経験することができますが、４～５名の参加者である場合には、ロールプレイで演じた後、演じた感想を互いに共有するとともに、ほかの参加者に対する意見や考えを伝える方法が考えられます。

● 準備するもの

・本書
・演習で使用する事例（本書に掲載している事例のほか、参加者の準備した事例でも構いません）
・ロールプレイで演じる役割（職種）を表示する名札等

● 研修実施に必要となる環境

研修を実施できる一定程度の広さの会場といす、机があればどこでも実施することができます。

3．介護福祉士の専門性

介護福祉士の専門性とは

「利用者の生活をより良い方向へ変化させるために、根拠に基づいた介護の実践とともに環境を整備することができること」

1 介護過程の展開による根拠に基づいた介護実践

利用者の自立に向けた介護過程を展開し、根拠に基づいた質の高い介護を実践する。

2 指導・育成

自ら介護等に関する知識及び技能の向上に努めるだけでなく、自立支援に向けた介護技術等、具体的な指導・助言を行う。

3 環境の整備 多職種連携

利用者の心身その他の状況に応じて、福祉サービス等が総合的かつ適切に提供されるよう、物的・人的・制度的等、様々な環境整備を行うとともに、福祉サービス関係者等との連携を保たなければならない。

介護福祉士であれば獲得している

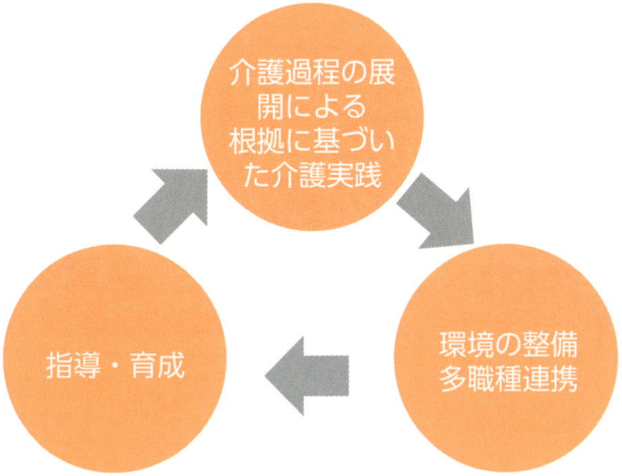

介護職であれば獲得している

介護実践

・介護を行うために必要な知識や技術の習得

・生活の自立性の拡大を図る
・予防的な対処を優先する
・利用者に生きる喜びと意義を見出せるようにする
・利用者と社会との接触を保つ
・綿密な観察により異常を早期発見

介護実践に関連する業務

・利用者の情報収集
・記録、申し送り等

介護職の守るべき倫理

・尊厳を守る
・個々の生活習慣・文化や価値観の尊重
・自己決定を尊重する
・利用者に害となることはせず、安全を守る
・プライバシーを保護する
・利用者等に対しての節度ある態度やマナー
・職員等との協調や協働

4．日本介護福祉士会倫理綱領

1995年11月17日宣言

前文

私たち介護福祉士は、介護福祉ニーズを有するすべての人々が、住み慣れた地域において安心して老いることができ、そして暮らし続けていくことのできる社会の実現を願っています。

そのため、私たち日本介護福祉士会は、一人ひとりの心豊かな暮らしを支える介護福祉の専門職として、ここに倫理綱領を定め、自らの専門的知識・技術及び倫理的自覚をもって最善の介護福祉サービスの提供に努めます。

（利用者本位、自立支援）

1．介護福祉士は、すべての人々の基本的人権を擁護し、一人ひとりの住民が心豊かな暮らしと老後が送れるよう利用者本位の立場から自己決定を最大限尊重し、自立に向けた介護福祉サービスを提供していきます。

（専門的サービスの提供）

2．介護福祉士は、常に専門的知識・技術の研鑽に励むとともに、豊かな感性と的確な判断力を培い、深い洞察力をもって専門的サービスの提供に努めます。

また、介護福祉士は、介護福祉サービスの質的向上に努め、自己の実施した介護福祉サービスについては、常に専門職としての責任を負います。

（プライバシーの保護）

3．介護福祉士は、プライバシーを保護するため、職務上知り得た個人の情報を守ります。

（総合的サービスの提供と積極的な連携、協力）

4．介護福祉士は、利用者に最適なサービスを総合的に提供していくため、福祉、医療、保健その他関連する業務に従事する者と積極的な連携を図り、協力して行動します。

（利用者ニーズの代弁）

5．介護福祉士は、暮らしを支える視点から利用者の真のニーズを受けとめ、それを代弁していくことも重要な役割であると確認したうえで、考え、行動します。

（地域福祉の推進）

6．介護福祉士は、地域において生じる介護問題を解決していくために、専門職として常に積極的な態度で住民と接し、介護問題に対する深い理解が得られるよう努めるとともに、その介護力の強化に協力していきます。

（後継者の育成）

7．介護福祉士は、すべての人々が将来にわたり安心して質の高い介護を受ける権利を享受できるよう、介護福祉士に関する教育水準の向上と後継者の育成に力を注ぎます。

5．日本介護福祉士会 倫理基準（行動規範）

（利用者本位、自立支援）

1．介護福祉士は、利用者をいかなる理由においても差別せず、人としての尊厳を大切にし、利用者本位であることを意識しながら、心豊かな暮らしと老後が送れるよう介護福祉サービスを提供します。

2．介護福祉士は、利用者が自己決定できるように、利用者の状態に合わせた適切な方法で情報提供を行います。

3．介護福祉士は、自らの価値観に偏ることなく、利用者の自己決定を尊重します。

4．介護福祉士は、利用者の心身の状況を的確に把握し、根拠に基づいた介護福祉サービスを提供して、利用者の自立を支援します。

（専門的サービスの提供）

1．介護福祉士は、利用者の生活の質の向上を図るため、的確な判断力と深い洞察力を養い、福祉理念に基づいた専門的サービスの提供に努めます。

2．介護福祉士は、常に専門職であることを自覚し、質の高い介護を提供するために向上心を持ち、専門的知識・技術の研鑽に励みます。

3．介護福祉士は、利用者を一人の生活者として受けとめ、豊かな感性を以て全面的に理解し、受容し、専門職として支援します。

4．介護福祉士は、より良い介護を提供するために振り返り、質の向上に努めます。

5．介護福祉士は、自らの提供した介護について専門職として責任を負います。

6．介護福祉士は、専門的サービスを提供するにあたり、自身の健康管理に努めます。

（プライバシーの保護）

1．介護福祉士は、利用者が自らのプライバシー権を自覚するように働きかけます。

2．介護福祉士は、利用者の個人情報を収集または使用する場合、その都度利用者の同意を得ます。

3．介護福祉士は、利用者のプライバシーの権利を擁護し、業務上知り得た個人情報について業務中か否かを問わず、秘密を保持します。また、その義務は生涯にわたって継続します。

4．介護福祉士は、記録の保管と廃棄について、利用者の秘密が漏れないように慎重に管理・対応します。

（総合的サービスの提供と積極的な連携、協力）

1．介護福祉士は、利用者の生活を支えることに対して最善を尽くすことを共通の価値として、他の介護福祉士及び保健医療福祉関係者と協働します。

2．介護福祉士は、利用者や地域社会の福祉向上のため、他の専門職や他機関と協働し、相互の創意、工夫、努力によって、より質の高いサービスを提供するように努めます。

3．介護福祉士は、他職種との円滑な連携を図るために、情報を共有します。

（利用者ニーズの代弁）

1．介護福祉士は、利用者が望む福祉サービスを適切に受けられるように権利を擁護し、ニーズを代弁していきます。

2．介護福祉士は、社会にみられる不正義の改善と利用者の問題解決のために、利用者や他の専門職と連帯し、専門的な視点と効果的な方法により社会に働きかけます。

（地域福祉の推進）

1．介護福祉士は、地域の社会資源を把握し、利用者がより多くの選択肢の中から支援内容を選ぶことができるよう努力し、新たな社会資源の開発に努めます。

2．介護福祉士は、社会福祉実践に及ぼす社会施策や福祉計画の影響を認識し、地域住民と連携し、地域福祉の推進に積極的に参加します。

3．介護福祉士は、利用者ニーズを満たすために、係わる地域の介護力の増進に努めます。

（後継者の育成）

1．介護福祉士は、常に専門的知識・技術の向上に励み、次世代を担う後進の人材の良き手本となり公正で誠実な態度で育成に努めます。

2．介護福祉士は、職場のマネジメント能力も担い、より良い職場環境作りに努め、働きがいの向上に努めます。

6．公益社団法人 日本介護福祉士会の紹介

公益社団法人日本介護福祉士会は、介護分野の唯一の国家資格である「介護福祉士」資格取得者の職能団体です。

私たち「介護福祉士」は、専門的知識及び技術をもって、身体上又は精神上の障害があることにより日常生活を営むのに支障がある者に対し、心身の状況に応じた介護を行うとともに、その者及びその介護者に対して介護に関する指導を行う介護福祉の専門職です。

● 組織

日本介護福祉士会のほか、全都道府県に介護福祉士会があり、各都道府県介護福祉士会は、日本介護福祉士会の支部機能も担っています。

日本介護福祉士会と都道府県介護福祉士会には同時入会を求めており、平成29年現在、約５万人の会員規模となっています。

● 沿革

1987年　社会福祉士及び介護福祉士法の制定
1994年　日本介護福祉士会設立
1995年　日本介護福祉士会倫理綱領制定
2000年　社団法人日本介護福祉士会（社団化）
2013年　公益社団法人日本介護福祉士会（移行認可）

● 設立目的

介護福祉士の職業倫理の向上、介護に関する専門的教育及び研究を通して、その専門性を高め、介護福祉士の資質の向上と介護に関する知識、技術の普及を図り、国民の福祉の増進に寄

与することを目的としています。

● 役員体制（役職別五十音順）

会　　長　石　本　淳　也
副 会 長　藤　野　裕　子、宮　崎　則　男
常任理事　安　達　眞理子（近畿ブロック）
　　　　　風　晴　賢　治（北海道・東北ブロック）
　　　　　河　本　由　美（中国・四国ブロック）
　　　　　白　井　幸　久（関東・甲信越ブロック）
　　　　　中　野　朋　和（東海・北陸ブロック）
　　　　　三　浦　晃　史（九州ブロック）

● 主な活動内容

〔制度政策の検討〕

介護福祉の専門職による職能団体として、いかに国民福祉の向上を図るかという視点から、介護福祉人材の確保策や介護保険制度のあり方等、多角的な議論を重ねています。本会が行う事業は、この議論の積み重ねの結果であり、この議論の積み重ねを踏まえて、各種国の審議会で発言をしているところです。

〔生涯研修の推進〕

時代の要請に応えられる介護福祉士の育成を図るため、介護福祉士会として生涯研修体系を整理し、全国都道府県介護福祉士会における実施を推進しています。

また、この研修の質を担保するため、日本介護福祉士会では、研修テキストの開発や、講師養成を行っています。

〔調査・研究の推進〕

定期的に会員を対象とした就労実態調査を実施しているほか、公

的な団体や民間団体から助成を受け、調査研究事業を行っています。

とりまとめた調査研究結果は、制度政策の議論の際に基礎資料として活用や、広く国民に対しての情報提供をする等しています。

〔学術研究の推進〕

実践に根ざした介護福祉学の構築を目指し、介護の実践者による学術研究の場として日本介護学会を立ち上げるとともに、毎年1回学会を開催しています。

また、年1回の専門誌を刊行し、当該専門誌に掲載した論文については、ホームページでも公開しているところです。

〔出版事業の推進〕

会員の皆さまのみならず、介護福祉士を目指す方や、介護現場で奮闘されている介護職員が、より質の高い介護サービスを提供すること等に資する書籍を幅広く出版しています。

〔福利厚生の提供〕

介護福祉士会の会員に対しては、機関紙やホームページ、フェイスブックなどで情報提供をさせていただくほか、会員保護の視点から、個人賠償責任保険の提案をさせていただいています。

● **連絡先**（平成30年6月現在）

公益社団法人日本介護福祉士会

〒105-0001　東京都港区虎ノ門1-22-13　西勘虎の門ビル

URL　http://www.jaccw.or.jp

E-mail　webmaster@jaccw.or.jp

電話　03-3507-0784　　FAX　03-3507-8810

執筆者一覧

●編集

公益社団法人日本介護福祉士会

●監修

宮島　渡（高齢者総合福祉施設アザレアンさなだ　総合施設長、日本社会事業大学専門職大学院福祉マネジメント研究科　特任教授）

●執筆者（五十音順）

内田千恵子（公益社団法人日本介護福祉士会生涯研修制度委員会　委員、株式会社あいゆうサポート　代表取締役）…第２章、第３章

及川ゆりこ（公益社団法人日本介護福祉士会生涯研修制度委員会　委員、社会福祉法人ウェルネスケア特別養護老人ホームいづテラス　施設長）…第２章、第３章

杉原優子（地域密着型総合ケアセンターきたおおじ　施設長）…第２章、第３章

宮島　渡（高齢者総合福祉施設アザレアンさなだ　総合施設長、日本社会事業大学専門職大学院福祉マネジメント研究科　特任教授）…本書をお読みになる前に、第１章

介護福祉士がすすめる多職種連携

事例で学ぶ　ケアチームでの役割と課題への取り組み方

2018年７月20日　発行

編　　集　公益社団法人日本介護福祉士会
発 行 者　荘村明彦
発 行 所　中央法規出版株式会社
〒110-0016 東京都台東区台東3-29-1 中央法規ビル
営　　業　TEL 03-3834-5817　FAX 03-3837-8037
書店窓口　TEL 03-3834-5815　FAX 03-3837-8035
編　　集　TEL 03-3834-5812　FAX 03-3837-8032
U　R　L　https://www.chuohoki.co.jp/

装幀・本文デザイン　澤田かおり（トシキ・ファーブル）
イラスト　堀江篤史
印刷・製本　長野印刷商工株式会社

ISBN978-4-8058-5731-1
定価はカバーに表示してあります。